U0528757

流浪的君子

The Wandering Gentleman

君子

孔子的
最后二十年

王健文 著

The Last Twenty Years of Confucius

重庆出版集团 重庆出版社

中文简体字版©2024年，由重庆出版社出版。

本书由三民书局股份有限公司正式授权，经由凯琳国际版权代理，北京乐律文化有限公司与重庆出版社出版中文简体字版本。非经书面同意，不得以任何形式任意重制、转载。

版贸核渝字（2024）第117号

图书在版编目（CIP）数据

流浪的君子：孔子的最后二十年 / 王健文著.
重庆：重庆出版社, 2025. 3. -- ISBN 978-7-229
-19246-4

Ⅰ. B222.2

中国国家版本馆CIP数据核字第2024JA9464号

流浪的君子：孔子的最后二十年
LIULANG DE JUNZI : KONGZI DE ZUIHOU ERSHINIAN

王健文　著

出　　品：	华章同人
出版监制：	徐宪江　连　果
特约策划：	乐律文化
责任编辑：	何彦彦
特约编辑：	曹福双
责任校对：	陈　丽
营销编辑：	史青苗　刘晓艳
责任印制：	梁善池
装帧设计：	人马艺术设计·储平

重庆出版集团
重庆出版社 出版

（重庆市南岸区南滨路162号1幢）
三河市嘉科万达彩色印刷有限公司　印刷
重庆出版集团图书发行公司　发行
邮购电话：010-85869375
全国新华书店经销

开本：880mm×1230mm　1 / 32　印张：6.5　字数：100千
2025年3月第1版　2025年3月第1次印刷
定价：49.80元

如有印装质量问题，请致电023-61520678

版权所有，侵权必究

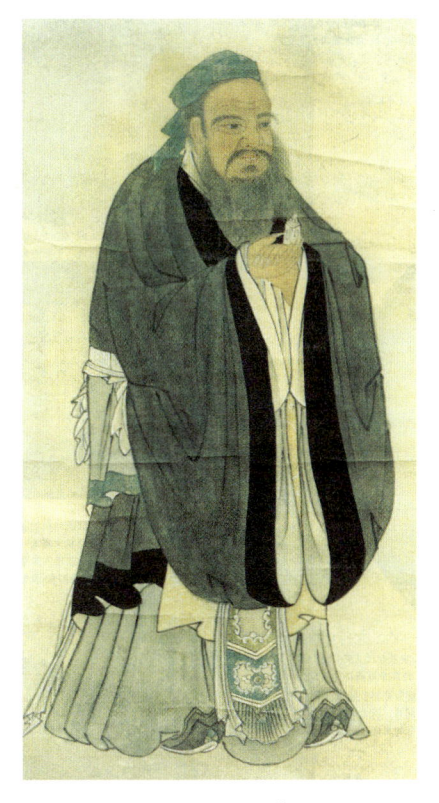

彩图1　孔子像

彩图2　孔子问礼老聃

彩图3　孔子去齐返鲁

彩图4　孔子不仕退修诗书

彩图5　孔子讲学

彩图6　孔门弟子守丧

彩图7　刘邦祭孔

彩图8　西狩获麟

彩图9　梦奠两楹

彩图10　在陈绝粮

彩图11　子路问津

再版序

《流浪的君子：孔子的最后二十年》十年前初版，当时写作的初衷，是向"知其不可而为之"、终身不改其志的孔子致敬，也是为行道艰难而终须流浪的异代君子感伤，慨叹其作为真诚的理想主义者的悲剧宿命。

三年前，北京三联出版社的简体字版刊行，在再版后记《如果君子不再流浪》中，我再次提醒："如果君子不再流浪，真正的故事才要开始。"理想主义者最大的试炼不是贫贱不移，而是富贵不淫；不在于颠沛流离，而在于安居以行道。存在于观念中的理想，在天上；落实在红尘中的理想，是人间。从天上到人间，才是一个完整的故事。

略述十年因缘，是为再版序言。

王健文
2011年9月

代序
寻找红气球

一

季冬时节,小寒初入,南台湾的艳阳兀自炽热多情,春兰自美浓归来,像个小女孩般兴奋地述说着,她见到了梦想中的小学。

从通往美浓镇上的道路左转折入乡间小路,才五十米,还来不及转换心情,就看到学校正敞开着大门迎接访客。进了校门,正面的砖瓦白墙建筑是仿烟楼造型的视听教室;"烟楼"右侧是一栋两层素净雅致的教学楼,二楼摆放着绿色的盆栽,一楼地面则招展着长长的一排小红花;教室墙上镶嵌着孩子们的美浓窑陶艺作品;穿过教学楼里如同美浓东门城楼般造型的楼梯间,钟理和笔下的笠山便悠然现于眼前;红土跑道被一片绿色草原包围着，几里外的笠山和学校之间没有围墙阻隔。晃荡着秋千，迎面山风轻拂，不知不觉中，蓝天白云转为暮色苍茫，终至大地一片寂静。

"我们迁居美浓，让安棣到那念书，好吗？"春兰渴切地说。于是当天夜里，我们一同编织着不知能否实现的美浓梦想：如果春兰能在那里的小学得到个教职，我将成大的课程集中在三天，那安棣就可以每天在学校里尽情地欢笑，在美浓的好山好水中恣意优游。春兰还是教历史与文学，带着孩子们在乡野间，在笠山脚下读诗，说钟理和的文学和他那奇宕悲苦的生命故事。下课后，安棣在院子里作画，嬉戏，寻找含羞草与小瓢虫；春兰则照料她的植物，阅读，写作，然后，做几道美味佳肴等着我自台南归来。

难眠的夜，安棣早已沉静入梦，春兰和我也坠入了一个新的梦境，梦中有泥土与花草的芳香，也有蝉鸣与雀鸟的歌声。

二

男孩无意间遇见了红气球,那真是个硕大浑圆且鲜红的气球。气球飘在街道一角,行人匆匆,无人闻问,只有男孩伸手拾起丝线,将自己和红气球系在一起。

男孩牵着红气球,欢喜地走在冷漠城市的街道中,公交车不让气球搭乘,他便沿着漫漫长路,步行回家。下雨了,男孩寻找着一把又一把撑开的伞,让红气球能在伞下听滴滴答答的雨声。男孩奇怪的举动换来了一道道错愕但依然冰冷的眼神。

回到家中,母亲不许红气球入门,气球在门外飘荡着,终于找到了男孩的窗口,男孩知道,气球和他不能分离了。于是,上学、放学,无论何处,男孩与红气球如影随形。但是老师不许,同学戏谑争抢,红气球总是机灵地陪伴着男孩,男孩也忠诚地守护着红气球。他们曾经互相玩闹,在街头玩捉迷藏;红气球也曾惑于另一个女孩手中的蓝气球,背着男孩,偷偷与蓝气球互通款曲;但是,红气球最终还是回到了男孩身边。

城里某区,有一群大男孩也看上了红气球,他们追逐着红气球，以弹弓瞄准，将红气球作为最有趣的标靶。男孩跑着、跳着，无法与大孩子们抗衡。红气球逃亡、男孩奔跑，终于，红气球被打了下来，无力地躺在地上，大男孩走过来，眼神空洞而有凶光，大脚一踏……

男孩绝望而悲伤地看着他的红气球。

正在观看这影片的人，恐怕也和男孩一般绝望无助，心中愤怒，却知道所有的悲愤都无济于事。让男孩和观看影片的人同样惊奇的是，城里所有的气球都被召唤来了，飞扬在天空中，红的、蓝的、黄的……所有的气球都到了男孩的身边。男孩忘了悲伤，收集着一条又一条的丝线，气球们带着男孩飘上天，男孩笑着，受伤的心灵得到了抚慰，城市在他的脚下，越来越远。

三

公元前636年，流亡多年、忍辱负重的晋国公子重耳，在秦国的武力支持下，回到了晋国，杀了他的侄儿晋怀公，上演了属于中国春秋时代的"王子复仇(国)记"。

新旧政权转移之际，照例要上演一些权力悲喜剧。

原来奉命拒重耳于国境之外的晋国军队，倒戈相向，效忠重耳，当中有多少的策士折冲、利益交换，史料隐晦，难以尽白。

支持晋怀公的吕、郤两家大夫，畏惧重耳的政治整肃，密谋先发制人，发动流血政变，却被寺人披密告揭发。重耳又在秦穆公的协助下，设计擒杀两家大夫。寺人披何许人也？他正是十九年前，奉重耳的父亲晋献公之命追击重耳之人。重耳原对他怀恨在心，寺人披却振振有词地说："君若易之，何辱命焉？行者甚众，岂唯刑臣。"此事提醒了重耳，在政权转移之际，不能只顾私仇旧恨来清算整个旧政权，那只会在新政权还没巩固的时候，制造更多的敌人，让新政权处于分崩离析、四面楚歌的危机中。

新政权建立了，晋国的新主人自然要论功行赏，一人得道，鸡犬随之升天。重耳流亡十九年，那些始终坚定无悔的追随者，当然是第一批受封者。这时，有个叫介之推的人，没有向重耳请求加官晋爵，而重耳终究也没留意到他。介之推如是说：

> 献公之子九人，唯君在矣。惠、怀无亲，外内弃之。天未绝晋，必将有主。主晋祀者，非君而谁？天实置之，而二三子以为己力，不亦诬乎？窃人之财，犹谓之盗，况贪天之功以为己力乎？下义其罪，上赏其奸，上下相蒙，难与处矣。（《介之推不言禄》）

新政权刚成立，晋国一派欢庆气氛，此时的重耳一方面亟须万方对他表示拥戴效忠，另一方面也拥有了最高权力与资源，而介之推却选择做一只乌鸦，指责重耳君臣"贪天之功""下义其罪，上赏其奸"，不识时务，莫此之甚。

后来呢？《左传》这么记载：

> 其母曰："盍亦求之，以死，谁怼？"对曰："尤而效之，罪又甚焉。且出怨言，不食其食。"其母曰："亦使知之，若何？"对曰："言，身之文也。身将隐，焉用文之？是求显也。"其母曰："能如是乎？与女偕隐。"遂

隐而死。晋侯求之不获，以绵上为之田，曰："以志吾过，且旌善人。"

介之推是怎么死的，《左传》没说明白，刘向《新序》中记载：文公求之不能得，遂焚烧介山，意欲逼出介之推，介之推竟死于大火。这样的结局是否属实？有待更多的资料支持。但是故事的背后，人们对介之推与晋文公的人格境界，显然是有着不同的评价。

介山脚下的农民在惊惶中跑出家门，感受到了从未经历过的灼热逼人，艳红的火舌吞噬了暗夜，将方圆数十里地燃烧得彻夜通明，晋侯差遣的人马慌张失措，一片嘈杂。这时，他们会看到一个红气球，带着介之推母子，从烈火所弥漫成的烟雾中升起，缓缓飘向天际，平静而安详。

四

终于，在那一夜无眠共筑美浓梦想一个月之后，时节已是初春，岁次辛巳，我们全家再访美浓。

回家的路上，天色已昏暗，春兰的小Polo奔驰在南二高速路上，伴随着两旁矗立的成群椰子树和被暮色渲染成墨绿的田野，春兰如是写着：

车厢内流泻着大提琴和钢琴时而低沉、时而轻扬的对话。父子俩早已疲惫地进入梦乡。虽已踏上归途，然而这里的山水人情、田野草木却不断清晰地涌现。

回到台南三天了，春兰还是难掩内心的激动，再一次写下了美浓纪行，题为《远方漾起天使清朗的笑声》：

……

同样的暮色中，上一次造访福安小学，是在每一个步伐都赶不上天色昏暗的速度之下，匆匆离去。那一天，我尽情地摇晃着秋千，起落之间，那有着红土的操场、形如斗笠的山峦（钟理和笔下的笠山）、白云蓝天、迎面而来的微凉暮色，徜徉在无边无际的田野上。

于是贪婪地意图将这里的一切尽收眼底，却只是徒劳一场。就像是憨直的"夸父"，只不过这次我是被落日追逐。

……

我无法阐释福安所给予的悸动。那融合当地文化风采的烟楼造型的视听教室里，美浓窑的方形陶土镂刻着每一届学子的创意，彩绘轨道餐车送来温热的伙食，小小艺术家的图画成为班级教室的点缀，亲手栽植的花木、露天的生态园区、碎石铺陈的廊庑走道、整洁有序的白色教室是孩子们认真打理的成果。如果说这些年来通过阅读森林小学、种子学苑、夏山学校、堤河邑学校……思索着人本教育的理念，进而构筑心目中的学习伊甸园，方才惊艳福安，那么来自生命底层的图像逐渐清晰了：那是童年的鹿谷文昌小学——坐落于山谷之间，为稻禾所围绕的校园。至今，我依然牵挂仲夏时分教室前果实累累的柠果树和当时看来惊心动魄的路旁溪流，那凉凉的水声始终回荡在心灵的最深处。

五

在去往成大的路上，春兰给安棣说了个男孩与红气球的故事，那是不久前才在李黎的《寻找红气球》中所读到的。安棣静静地听着，不发一语。

安棣在朱铭气势磅礴的雕塑作品《大对招》前，卖力地骑着他的三轮脚踏车，和别的孩子追逐嬉闹着。春兰去学校前面的街上买些东西，我悠闲地在云平大楼前宽阔的广场上踱步。微凉的秋夜，月明星稀，偶有学生骑着脚踏车，穿梭在孩子的世界中。安棣抛下他的爱车，张开双臂，朝着我直奔而来。我为安棣擦拭额头的汗水，还来不及问他和小朋友们玩了些什么，安棣先提要求了："讲红气球，男孩。"

春兰回来了，我们一起在车上一遍又一遍地说着男孩与红气球，说着，说着，春兰问我，你觉不觉得，幾米的《月亮忘记了》的故事和"红气球"的故事像极了？

幾米的《向左走，向右走》和《月亮忘记了》是安棋喜爱的插画绘本，尤其是《月亮忘记了》，当时刚满三岁的安棋几乎能够看着书说出结构还算完整的故事情节，尤其说到月亮大得再也无法进到男孩的房间，他俩似乎要被迫永远分离时，安棋指着男孩靠着墙壁的图画说："男孩哭了。"仿佛他也知道那种无奈与哀伤。

雷同的故事结构，幾米的调子更加灰暗，读来更沉重。没有人能探访男孩心中的秘密花园，也没有人以真正的情意对待落入凡间的月亮，只有男孩和月亮相依相守。最后，月亮长大了，必须回到天上。告别城市，男孩在月亮上久久飞舞，倦了，睡了，梦中有百合花的清香。

绘本最后的画面转移到一个似乎历尽沧桑的中年男子身上，他从病房中拄着拐杖，走到郊野，抬头看着天上的皎洁明月。中年男子与月亮的对望，告诉我们的是故事的结局吗？结局，究竟是绝望还是希望呢？

六

伯夷、叔齐，孤竹君之二子也。父欲立叔齐，及父卒，叔齐让伯夷。伯夷曰："父命也。"遂逃去。叔齐亦不肯立而逃之。国人立其中子。于是伯夷、叔齐闻西伯昌善养老，盍往归焉。及至，西伯卒，武王载木主，号为文王，东伐纣。伯夷、叔齐叩马而谏曰："父死不葬，爰及干戈，可谓孝乎？以臣弑君，可谓仁乎？"左右欲兵。太公曰："此义人也。"扶而去之。武王已平殷乱，天下宗周，而伯夷、叔齐耻之，义不食周粟，隐于首阳山，采薇而食之。及饿且死，作歌。其辞曰："登彼西山兮，采其薇矣。以暴易暴兮，不知其非矣。神农、虞、夏忽焉没兮，我安适归矣？于嗟徂兮，命之衰矣！"遂饿死于首阳山。（司马迁《史记·伯夷列传第一》）

七

南二高速路已通车多时，这却是我第一次驱车借道，从关庙交流道南下。过了田寮不远，经联络道转10号公路北上，不久，在旗山、美浓下交流道，拐两个弯，美浓在望。

事实上，从关庙到田寮之间的景观乏善可陈。车行过田寮，迎面而来的是大片大片的泥岩恶土，仿佛将一座山用铲背一铲一铲地切了下来，那是有名的"月世界"景观区。车子穿过一个将近两公里长的隧道，豁然开朗，椰林田园，平畴十里，低矮的山峦起伏围绕在天与地的交际处，一幅略具热带风情的乡野景象，在穷山恶水之后，温馨在目。

这种视觉印象的瞬间转换，带来一种心情上的惊艳与感动。春兰和我曾拥有一些共同的记忆：

1994年夏天，沿着花东海岸公路驱车前行，在丰滨折向西，穿越蜿蜒十余公里的海岸山脉，山重水复，百转千回，乍出山来，光复一带的纵谷平原赫然（且是安静的）就在眼前。年少时看过的电影《失去的地平线》中的香格里拉仙境，不也是这样出现在那群幸运者的眼前吗？

1996年夏天，我们在澳门转搭公交车，在错误的地方下了车，只好手持观光地图，沿路问人，在那陌生但别有风情的小巷中穿梭。转个弯，沿着坡道踏石而上，终于到了西望洋山教堂。教堂坐落在半岛东岸的半山腰，海岸线就在脚下，南海的汪洋波平如镜，我们久久不能言语。迷途之初的龃龉，早被遗忘在我们身后的世界里。

开车沿着花莲市郊通往机场的道路，在花莲师院折向东，经过空军基地大门后，道路骤然变窄，并以一个优美的弧度弯向北方，七星潭就在前方下坡处，手握方向盘，那种感觉就像要直奔怒海般。天气好的时候，海和天一般蓝，一湾海岸，以同样优美的弧度向北方延展，海湾的尽头是苏花公路和中横公路的交界，气势雄伟的中央山脉直削而下切入海洋。七星潭是由大小不等的鹅卵石构成的海滩，我们爱极了这个地方。安棣捡拾石头，掷向浪花，我们躺着，时而看着紧邻的花莲机场中起降频繁的客机和F16，时而闭目细听海水推打上岸，撤回时洗刷细石的声音。

辛巳年的小年夜，二姐和二姐夫，带领我们一家，以及从芝加哥回来过年的二哥一家，父亲、大嫂、怡婷、美英姐一家，到市郊那处山腰喝茶的"丽园山庄"去。这回不是往大海，而是到山中。我的故乡——花莲，是一个迷人的小城镇。到市区(或市郊)的任何一个角落，不论是山之巅还是海之涘，都在十五分钟车程内。

丽园山庄在中央山脉的东缘小山中，当地是花莲市的水源地，山中有几处喝茶的地方，经营形态略似木栅猫空，但是却原始粗犷得多。上山的路通行无碍，却也未修建得平整顺畅。从慈济医院到山脚约五分钟，从山脚下到山庄也是大约五分钟的行程。山庄坐落在山腰的一座小小台地上，向前望去，整个花莲市都在视野之中(当然花莲市不大)，盘踞在市区的美仑山，像一只匍匐的灵龟，再远处即是太平洋。左侧远方是机场，不时可以看到飞机的起降。

我们到丽园时已近黄昏，丽园左边(北侧)，隔着溪流，在桥梁的那边，一个小小的村落安静地躺在小小的山谷中。约莫有数十户人家，住在那里的，应当是原住民，村名"水源"。天色渐沉，灯，一盏一盏地亮了，我对春兰说，那不就是桃花源吗？

从田寮到美浓的感受，像是晋太元中的武陵人，穿过落英缤纷的小径，看到那"不知有汉，无论魏晋"的世外桃源般的感动。

八

Dear春兰老师：

　　南艺的读书岁月，因你们的到访而留下了一段特别的情感记忆，在听你们介绍探险的过程中，不自觉地受到你们喜悦心情的感染，现在走在校园里都觉得脚步特别轻盈，你可以想象蹦蹦跳跳地踏在南艺神圣艺术殿堂的情景吗？

　　最后，谢谢你的小礼物——《寻找红气球》，那一天虽然有些累但仍失眠了，脑子里回想着当天发生的一切，生怕睡一觉会全忘光似的，因而再度失眠了！夜里，我翻开书，看了一遍又一遍……很想看看那部电影——《红气球》！

　　我已委托音像记录所的同学帮忙寻找，相信不久，我也能目睹那梦想中的红气球！

　　……

蕙如
2000年10月24日

Dear春兰老师：

　　关于《红气球》，我已经通过同学找到了一些线索。你知道吗？红气球的故事，正在乌山书院的一角慢慢发酵，开始有一些热心的同学提供了一些线索，因为寻找《红气球》的过程中遇到了意外的挫折——视听馆因为大整理，所以正在"闭馆中"。

　　原本心想就快看到那具有生命力的红气球了，看来现在得多花点心思……寻找《红气球》！虽然有些气馁，但今天也发现了红气球微弱的信息，我的信箱中多了一张照片，黑白又模糊的照片实在不吸引我，但隐约中，我发现了一个气球……试图将它染成红色，因为我猜它就是梦想中的红气球。我做了一张小卡，反馈给热情的同学！

　　红气球的故事会慢慢蔓延，我偶尔会仰望天空，期待有它飘过的感觉，常常觉得自己梦幻得夸张，红气球又勾起了我记忆里的那深深的期盼。

　　渴望《红气球》出现的那天，届时一定邀请你们再度光临乌山影城！

蕙如

2000年10月26日

梦幻的蕙如：

　　没想到这么快就有《红气球》的消息，感谢热心的同学。不过，好奇的是，这张照片是剧照吗？或只是巧合的画面呢？我们都很纳闷。试图看清小男孩的脸，因为在我心目中，他应该有一抹既忧郁又纯真的眼神，就像《月亮忘记了》故事中的小男孩。或许，这只是我一厢情愿地拼凑罢了。犹如，第一次读完《寻找红气球》的故事，除了惊艳，同样地，它还燃起我内心一直潜伏的且无可救药的浪漫因子。于是，我急于分享，将印好的"红气球"送给同学后，大部分人的反应是如堕五里雾中。

　　曾经想象，应该是在榕园或悠悠湖畔，和同学一起阅读。那儿云淡风轻，绿草如茵。随处可遇见渴求真理的炽热灵魂，或徜徉无边天际的梦想家。虽然，现况和同学的兴致加起来等于闷热的教室和游移的眼神。不过，还好，提到"月亮"的故事时，一度赢得掌声——算是给幾米的。

　　幸运的是，"红气球"飘向乌山书院，有了回应，且正在蔓延着。想来，"红气球"也就不寂寞了。

春兰

2000年10月26日

春兰老师：

我找到《红气球》了！

前一阵子，为了寻找《红气球》，把李黎的书传遍了舍友、邻居，很担心日子一久，《红气球》就会慢慢消失。果然，课业压力下，期末报告、心得报告、参观报告……有关《红气球》的消息也慢慢被我淡忘了。

不过，书的影响力真的颇大，隔壁的邻居一看完《寻找红气球》，也和我一样落入想念红气球的陷阱。今天下午，我们通过音像所终于一偿夙愿——找到了《红气球》！

怀着忐忑的心，缩在音像所的角落，心底的渴望在看片子的过程中得到满足，呵……好大好鲜红的气球，很期待你们也能享受这一幕的惊奇，当七彩气球出现的那一刹那，觉得自己好像做了一场梦，充满希望的梦。

后来走出音像所时，和同学不约而同地把夕阳当成红气球，踏实地踩着石砖和草皮，想象自己置身电影中！愉悦地回宿舍继续筑梦……

目前《红气球》还不能外借，只能在音像所欣赏，如果有时间，欢迎再度光临，我猜小Andy一定会爱上《红气球》！

蕙如

2000年11月27日

九

伯夷、叔齐和介之推的故事，有可以联想的地方吗？

孔子说伯夷、叔齐"求仁而得仁，又何怨"，子贡因此确认，孔子不会介入卫后庄公蒯聩和他的儿子卫出公辄之间的权力斗争。但是司马迁却引述伯夷、叔齐失传的《采薇歌》，来说明他们抱怨而终："登彼西山兮，采其薇矣。以暴易暴兮，不知其非矣。神农、虞、夏忽焉没兮，我安适归矣？于嗟徂兮，命之衰矣！"伯夷、叔齐究竟"怨邪？非邪？"。

孟子把圣人分为几种不同的典型："'何事非君？何使非民？'治亦进，乱亦进"的伊尹，是"圣之任者"；"不羞污君，不辞小官。进不隐贤，必以其道；遗佚而不怨，厄穷而不悯。与乡人处，由由然不忍去也"的柳下惠，是"圣之和者"；"目不视恶色，耳不听恶声。非其君不事，非其民不使。治则进，乱则退。横政之所出，横民之所止，不忍居也。思与乡人处，如以朝衣朝冠坐于涂炭也"的伯夷、叔齐，是"圣之清者"；"可以速而速，可以久而久，可以处而处，可以仕而仕"的孔子，则是"圣之时者"。"圣之清者"与"圣之时者"，谁才是紧握着"红气球"不放手的人呢？

介之推和伯夷、叔齐，都用生命捍卫了自己的"红气球"，他们的故事显然比幾米画笔下的中年男子还要悲壮。

孔子虽然同样地坚定，却不像他们那么决绝。但没有例外，他们全是不识时务、不合时宜的惹人厌的嘎嘎叫的乌鸦。虽然叫声相似，但一个报喜，一个报忧，谁又能真正分得清喜鹊与乌鸦呢？是"众人皆醉我独醒"还是"众人皆醒我独醉"？还是"醒"与"醉"之间没有统一的标准，仅有的标准只在人的心中。"坚贞"，是对自己内心声音的应答，而非服从于任何外在的教示。

同样地，我不知道"时宜"是好是坏、是对是错，因为它只是个容器,在不同时刻、不同人群中装着不同的内容。但是,"所有的人说同样的话、做一致的事"本身,却是件恐怖万分的事。

十

晋太元中,武陵人捕鱼为业。缘溪行,忘路之远近。忽逢桃花林,夹岸数百步,中无杂树,芳草鲜美,落英缤纷。渔人甚异之,复前行,欲穷其林。

林尽水源,便得一山。山有小口,仿佛若有光。便舍船,从口入。初极狭,才通人,复行数十步,豁然开朗。土地平旷,屋舍俨然,有良田、美池、桑竹之属,阡陌交通,鸡犬相闻。其中往来种作,男女衣着,悉如外人。黄发垂髫,并怡然自乐。

见渔人,乃大惊,问所从来。具答之。便要还家,设酒杀鸡作食。村中闻有此人,咸来问讯。自云先世避秦时乱,率妻子邑人来此绝境，不复出焉，遂与外人间隔。问今是何世。乃不知有汉，无论魏晋。此人一一为具言所闻，皆叹惋。余人各复延至其家，皆出酒食。停数日，辞去。此中人语云："不足为外人道也。"

既出，得其船，便扶向路，处处志之。及郡下，诣太守，说如此。太守即遣人随其往，寻向所志，遂迷，不复得路。

南阳刘子骥，高尚士也，闻之，欣然规往。未果，寻病终。后遂无问津者。(陶渊明《桃花源记》)

十一

当红气球第一次出现在荧光幕上时，引起了一阵惊呼，我无法遏制心情的激荡，春兰静静地看着，安棣吵着要他刚戒了一星期的奶嘴，然后漫不经心地在他的玩具火车旁盘桓。

为了离开陪伴他三年多，在不安的时候、疲惫的时候，能够抚慰他的奶嘴，半个月前安棣曾经悲伤地啜泣。要不是担心安棣的牙床因长期吃奶嘴而外突，我们觉得何必要戒呢？大人们不是也有许多自己心爱而难以割舍的东西吗？听说了许多戒奶嘴的招式：涂辣椒、芥末；当面剪断，丢弃；厉声而坚决地制止，而后充耳不闻孩子的号哭……我总以为那太过决绝，恐怕太伤孩子的心，也不是一个向心爱物事恰当告别的姿势。于是我们告诉安棣：奶嘴是你的好朋友，曾经陪伴着你度过了很多或快乐或忧伤的日子。但是，正因为奶嘴是你的好朋友，不忍看你的牙齿长得不好看，它不得不暂时离开你。所以，我们把奶嘴洗干净，收藏在一个漂亮的盒子里，你想念奶嘴的时候，可以拿出来看看，再好好地收藏。等到你长大到牙床都固定了，到了读小学的时候，如果你还想吃奶嘴，我们不反对你再重温旧梦；如果你那时不想吃了，我们还是收藏着这个好朋友。

我想，这是一个让孩子经历、学习、成长的过程，这个过程其实有着许多的无可奈何，不能事事周全。有时候我们不得不与所爱分离，那么我们该怎么去处理呢？和奶嘴分离，其实和青年男女失恋差不多，如果我们不喜欢因一刀两断、绝交而口出恶言，为什么孩子离开奶嘴的过程就非要那么残酷呢？

安棣从啜泣中安静下来，沉思许久，把口中的奶嘴交给了我，然后静静地躺着，也许是在追忆着他与奶嘴的美好时光吧！之后的一星期，每天，或隔天，安棣还会吵着和奶嘴相聚片刻，而后，他就不再提出要求了。七天后，当红气球出现在家里时，他才提出要与奶嘴相聚。

我问安棣，是不是看到红气球而想起了奶嘴，他点点头。我告诉春兰，安棣真正懂得这部电影了。孩子的心，有时（或者该说多半时候）敏锐得超过成人，他们能捕捉到事物最本质的地方，安棣的奶嘴和男孩的红气球，不就是如此吗？

第二天，我问安棣想不想再看一次《红气球》，他拒绝了，理由是：不敢看那个坏男孩踩破红气球。昨天安棣在观看后半段时的漫不经心，也得到了解答。漫不经心，并不是他没耐心看影片，而是孩子纯真的心灵对世间残酷物语的抗议与不安。

十二

作家李黎曾经为了两岁的孩子,在巴黎之旅时,特意到影片拍摄的实景地,去寻找红气球的蛛丝马迹。李黎一定知道,她上下求索,找寻那个牵动人心的红气球不只是为了孩子,也是为了自己;李黎也一定知道,红气球其实不只飘在巴黎城区的一角,也飘在每个人的内心深处。因此,李黎在文章的最后写道:

> 每一个在童年拥有过又失去过一个美丽的红气球的大人和孩子,在他们的睡梦和记忆里,雪静静地落着。

寻找红气球,是一条没有疆界、没有终点的漫漫长路,这条路穿梭在真实世界的空间里,流窜在历史的时间长河中,也奔跑在旅人内心的私密花园里。这条路山重水复,却难逢柳暗花明。

我不知道我的红气球究竟在哪里。仰望穹苍,四顾茫然,雾失楼台,月迷津渡,我仿佛看到红气球的模糊身影：飘在美浓的笠山腰际，飘在七星潭的海天一色上，飘在武陵渔人的桃林迷途中，飘在介山的熊熊烈焰上，飘在首阳山上的隐者歌吟中，还有……

我在安棣的眼中，看见了红气球！

王健文

2001年2月14日

《诗经》中说:"仰望着高峻的山岭,行走于壮阔的周道。"我虽然无法达到那样的境界,却是衷心向慕。我读孔子的著作,想象着他的为人。到了鲁国,观看仲尼家中的庙堂车服和礼器,又见到儒生们定期在那儿学习礼乐。我徘徊久之,不忍离去。天下之大,君王贤者,所在多有。享有一时的荣耀,却不能留名于后世。孔子不过布衣百姓,传承十余世,学者尊崇。自天子王侯以降,中国有谈论六艺的,莫不折中于夫子,夫子可说是至圣了。

——司马迁《史记·孔子世家》[①]

[①] 此类引文,乃是作者根据《史记》中的相关段落翻译的白话文,其翻译乃一家之言。书中类似之处皆是如此,不再一一指明。——编者注

目 录

/ 1 /

楔子

/ 6 /

流离

/ 41 /

我待贾者也

/ 63 /

旷野的声音

/ 76 /

问津

/ 87 /

最后的挫败

/ 103 /

非不说子之道,力不足也

/ 128 /
伤逝

/ 139 /
孔子的两个世界

/ 151 /
尾声

/ 155 /
再版后记

/ 163 /
图片出处

楔子

春秋晚期，黄河的下游河道较今日偏北，大约在今洛阳以东、郑州以北处折向东北，直奔河北沧县附近入海（公元前602年黄河改道后之路线）。公元前七世纪中期，当时的卫国因避狄难而自河西迁居河东，夹河西面。原来狄人活跃的区域，大抵成为春秋霸主之一的晋国的势力范围，隶属晋卿范氏的采邑中牟，就在卫国以西，渡过黄河约五十公里处。

两千五百年前，在卫国西境，有位略显沧桑的老者，身边跟随着若干青壮弟子，伫立在浊浪滚滚、滔滔东流的黄河边上，浩叹河水汤汤，如时光之流逝难返："逝者如斯夫，不舍昼夜。"

当这位老者驻足川上，沉思良久，而夕阳余晖、苍茫大地逐渐浸入黯沉暮色，天地一片寂静时，他的心情可有几分悲凉与惆怅?他是大喝一声:弟子们,打起精神,各自探访津口,准备整装渡河西进;还是落寞地轻声细语:大伙歇着,明日折返,再寻出路吧。

四百年后,汉代史学家司马迁记录了这么一段故事:

> 孔子既然不得用于卫国,将西见赵简子。到了黄河边上,听说窦鸣犊、舜华死于晋国。孔子临河而叹,说:"盛美啊,河水!浩浩汤汤!我不能渡河西进,是命定的事啊!"子贡趋进而问:"为什么这么说呢?"孔子回答:"窦鸣犊、舜华,是晋国的贤大夫。赵简子未得志之时,必须仰赖两人而后能从政;他得志后,却杀了二贤者而从政。我听过这么个说法,'刳胎杀夭则麒麟不至郊野,竭泽涸渔则蛟龙不合阴阳,覆巢毁卵则凤凰不飞翔'。何以如此?那是因为君子讳伤其类。鸟兽之于不义,尚且知道回避,何况是孔某呢!"于是返归陬乡,并作《陬操》之曲以哀悼。而后返回卫国,做客于蘧伯玉家。

君子讳伤其类，晋之二贤者为赵简子所杀，孔子似乎从中预见了自己的命运。卫灵公不能用，赵简子不可期待，孔子又方才离开故国不久，权臣跋扈、主君昏昧，理想挫败的记忆犹新。四顾苍茫，怎能不放声大哭？

这还只是孔子流浪生涯的开端，从黄河边上回头之后，孔子又继续他的流离岁月，直到约十年后，垂垂老矣，近七旬高年，才返归故国。孔子七十三岁而终，在古代算是高寿，但是，他生命的最后二十年，大抵可以用"挫败""流离""焦虑""伤怀"这些字眼注记。

"挫败"与"流离"，来自梦想与现实的落差过于巨大。真诚的梦想家永远是不合时宜的，永远要和他的时代对抗。因为"不合时宜"，所以他的努力注定要失败。而孔子的"知其不可而为"，也令他一生的故事增添了无可排遣的悲剧意味。

司马迁这么描写孔子生命的终局：

> 孔子病重，子贡请见。孔子正拄着木杖徘徊于门前，说："赐啊，你怎么来得这么晚？"随后，孔子叹息而歌吟："泰山崩坏

啊！梁柱摧折啊！哲人凋萎啊！"吟罢而涕泣。他对子贡说："天下无道太久了，没有谁肯听从我的主张。夏人殡于东阶，周人殡于西阶，殷人则殡于两柱之间。昨天晚间我梦见自己坐于两柱之间受人祭奠，我的祖先正是殷人啊。"七天后，孔子去世。

追逐梦想是孔子一生的志业，七十三年的岁月，人间沧桑，让孔子的梦想愈发是梦想。也许，只有离开现实的世界，纯净的理想才能够停驻在另一个天地。

孔子走的时候还平静吗？他能不抱憾而终吗？孔子曾说："道不行，乘桴浮于海。"海上仙山其实只存在于梦想之中，而不是任何现实中的岛屿所能指涉的。这么一个两千五百年前，发生在遥远的中原的失败者的故事，能给生活在现代世界的人们带来什么意义吗？

"筑梦"是必要的吗？"逐梦"是必要的吗？

流离

选择齐国城中美丽的女子八十人,她们穿着华丽且擅乐舞,再加上装饰华丽的马匹三十驷,作为礼物馈赠给鲁君。女乐文马陈列于鲁城南高门外,季桓子微服,再三观看,准备要接受这项厚礼,于是和鲁君说好,装作在周边各处行游,往观终日,怠于政事。子路说:"夫子,可以走了吧?"孔子说:"鲁国今年的郊祭将至,如果郊祭后鲁君能致送膰肉给大夫,那么我还可以留下来。"季桓子终于接受了齐国的女乐,三日不听政;郊祭后,又不把祭肉分给大夫。孔子于是离去……

(孔子在卫国)待了没多久,有人在卫灵公跟前说孔子的坏话。灵公差遣公孙余假以兵仗出入胁迫。孔子恐怕获罪于灵公，待了十个月后，离开卫国。……

孔子在卫国待了一个多月，有一回，灵公与夫人同车，宦者雍渠陪侍在右，一同出游，却使孔子为次乘（第二辆车），招摇过市。孔子说："我从来没见过爱好贤德如同爱好美色的人啊！"因此看不起卫君，离开卫国，路过曹国（往宋国去）。

孔子离开曹国到了宋国，与弟子习礼大树下。宋司马桓魋想杀孔子，所以把大树给砍了。孔子只好离去。

孔子在陈国待了三年，正逢晋楚争霸，一再攻打陈国。后来再加上吴国也来侵扰陈国，陈国屡遭兵灾。孔子说："回去吧！回去吧！家乡的年轻人志大而才疏，但乐观进取，不忘其初衷。"于是孔子离开了陈国……

灵公年老，怠于政事，也不用孔子。孔子喟然兴叹："如有国君能用我为政，一年小可，三年可以有所成就。"孔子只好离开了。……

有一天，卫灵公问起军阵行列的道理，孔子说："行礼如仪，我倒是懂得，军旅之事，却从来没学过。"第二天，卫灵公与孔子谈话，只顾仰视空中飞雁，心不在焉。于是孔子离去，又到了陈国。……

(卫国大夫)孔文子想要攻打太叔疾，向孔子询问策略。仲尼推辞以为不知。退出后，即命门人预备车驾而行。孔子说："飞鸟能选择栖息的树木，树木岂能选择飞鸟？"文子坚持阻止。正好季康子赶走了公华、公宾、公林，以财礼币请迎孔子，孔子乃归鲁。

——司马迁《史记·孔子世家》

儿时初闻"孔子周游列国"的故事，心中想到的是"环游世界八十天"那般的浪漫旅行故事。那时只知道孔子是圣人，是万世师表，受世人景仰，所到之处，自然是备受礼遇，风光至极。童稚的心灵，自然也无法想象，那是一趟集悲切、焦虑、困顿、危殆、时不我予的心情与处处碰壁的遭遇于一身的漫长旅程。这次漫长而毫不浪漫的旅行，启程时，孔子五十五岁；归鲁，孔子已是六十八岁的垂垂老者！长路漫漫，甚至到孔子归鲁，仍然望不到终点。齐国陈恒弑简公，孔子时年七十一岁，仍奋力做出最后一击，却难堪地只看见自己孤独的身影，连一同行走十四载的弟子，这时都站在自己的对面。这趟孔子及其弟子的信仰之旅，到头来，从政弟子却与孔子分道扬镳，孔子晚年的落寞心情，可以想见。

这是一段漫长且奇异的旅程，旅途的起点与终点不以空间范围来界定，全程在追寻一个永远的梦想。之所以说是"永远"的追寻，一则因为那样的梦想是恒久颠扑不破的，二则因为那样的梦想只存在于人们的想象之中，不是世俗世界能够落实的。

因为要追逐一个不存在于现实世界的梦想，所以旅行家没有一个可以停驻的居所，只有不断地追寻、离开，再追寻、再离开……两千五百年前孔子那长达十四年的壮游，事实上就是一次又一次的流离故事。

齐景公待孔子，曰："若季氏，则吾不能，以季孟之间待之。"曰："吾老矣，不能用也。"孔子行。（《论语·微子篇第十八》）

鲁定公十三年（公元前497年），孔子去鲁，时年五十五。这不是孔子第一次流亡国外，早在鲁昭公二十五年（公元前517年），孔子三十五岁时，鲁国发生政变，郈昭伯与执政大夫季平子结怨，说服鲁昭公出兵攻打季氏。但季孙意如（平子）反而纠集孟孙氏与叔孙氏，三家共攻鲁君。鲁昭公不敌，出奔齐国，为齐景公收留于郓，从此开始了长达八年的流亡生涯，最后抑郁而死，终身不得归返故国。

孟僖子（三桓之一）死于鲁国政变前一年，临终遗命二子仲孙何忌（懿子）和南宫敬叔从学于孔子。而政变发生时，仲孙何忌才十五岁，主导参与政变的当是孟氏家宰（中国古代卿大夫家中的管家）。但是两年后，仲孙何忌十七岁，与阳虎共同伐郓（昭公流亡地），大概不能说不是出自其本意了。后世儒者以仲孙何忌身为圣人弟子，竟如此大逆不道，愤怒而且不解。当然，我们无法确知十七岁的仲孙何忌是否已师事孔子，我们也许可以猜测，鲁定公九年（公元前501年）孔子出仕为中都宰，当时正值壮年（三十一岁）的仲孙何忌扮演了某种角色，但是如果认为他身为孔子弟子，在政治实务上也不违夫子，那恐怕是对真实而复杂的历史的天真想象了。

鲁昭公图谋除去权臣不成，反遭驱逐，最终死于流亡晋国时的乾侯。昭公卒，晋国执政大夫赵简子好奇地问史墨："季氏大夫驱逐主君，而人民顺服，诸侯友善对待，国君死于境外，却没有人怪罪于他，这是为什么呢？"史墨则以为："天生季氏，与鲁侯并立如同两君，已经有很长的时日了。人民顺服季氏，岂非理所当然！鲁君世代失政，季氏世代勤政，人民早就遗忘了国君。即使(鲁君)死于国境之外，又有谁会矜怜他呢？"《左传·昭公三十二年》昭公流亡于齐、晋之间，齐、晋两国尝试纳昭公于鲁失败，而鲁国内部除了臧昭伯从行，叔孙昭子事变后返国，斥责季平子，并自行祈死，似乎并未掀起波澜，整个鲁国平静无事。昭公屡次试图返国复辟，无功而退。季氏依然稳坐执政地位，八年之中，国内无君，鲁国也未见如何动荡。赵简子与史墨的对话，当是实录。但是对于曾经批评季孙意如"八佾舞于庭，是可忍也，孰不可忍也？"《论语·八佾》，致力维护封建礼乐秩序的孔子来说，臣逐其君，当然是比起"八佾舞于庭"更加"不可忍"的事变。因此，三十五岁的孔子开始了他一生中的第一次流离，到了齐国。(相传孔子在适齐之前，曾与南宫敬叔同赴周问礼于老子，历代学者聚讼纷纭，意见不一。我以为此事可能性不高，当为战国道家者虚构的故事。)

图1　孔子见老子画像砖

孔子是否曾经问礼于老子，一直是学界议论不定的问题。图1为汉代山东嘉祥出土的"孔子见老子画像砖"。

孔子适齐，是为了避乱，还是"义不臣季氏"？其实我们不是很清楚，但显然他没有跟随鲁昭公的流亡小政府，而是到了齐国都城。孔子的行止去取，也许可以单纯解释：只因为孔子此时尚未出仕，没有可以追随鲁君的身份。但是，纵观孔子一生，尽管无时或忘批判违礼僭越的世卿权臣，大声疾呼地倡议要恢复封建秩序，却从来不曾对哪位国君歌功颂德，效其私忠。因此，更合理的解释，应该说孔子捍卫的是秩序本身，而非其中的任何一个特定角色。

孔子在齐国待了多久，没有很确切的资料能够提供答案，钱穆认为就只有一年，待鲁国乱事稍定后即返鲁。孔子在齐，曾与景公论政，告以"君君、臣臣、父父、子子"的道理。但是孔子在齐国有没有出仕的机缘，或者说，孔子在齐，是否有主动寻求出仕的可能？《论语·微子篇第十八》记载："齐景公斟酌招待孔子的规格，他说：'如果要比照季氏在鲁国的地位，那是办不到的；也许可以介于季氏与孟氏之间吧？'后来又说：'我年纪大了，没法再重用你了。'孔子于是离去。"《史记·孔子世家》甚至有"齐景公欲以尼谿田封孔子，而晏婴沮之"之说。晏婴沮孔子之说，崔述辨之已详，绝不可信。

而齐景公是否曾经想重用孔子，后来为何又借口年迈而断念呢？

《史记·孔子世家》记载，鲁昭公二十年（公元前522年），孔子三十岁时，齐景公与晏子适鲁，孔子曾与景公见面，景公问秦穆公得霸缘由，孔子答以，秦国小志大，处僻行正，又能起百里奚于缧绁之中而用，"虽王可也，其霸小矣"。五年后，由于昭公奔齐，孔子也到了齐国，为高昭子家臣，欲以通乎景公。孔子与景公论政说礼，深得景公赏识，有意重用。之后才有晏婴沮之，齐大夫害之，以致孔子失去了在齐国鹰扬的机会。

这样的叙述是启人疑窦的。《左传·鲁昭公二十年》中的确有关于孔子与景公的记载，那是孔子批评琴牢（孔子弟子，《史记·弟子传》中无此人，而《孔子家语·弟子解》有其名）吊祭宗鲁的不当；以及齐景公染上皮肤病，期年而未愈，欲诛祝、史以谢鬼神，晏婴阻止此事，并劝景公修德，庶几免于亿兆人之诅咒；还有当年十二月时，景公田猎于沛，违礼而招虞人以弓，孔子闻之而称道虞人"守道不如守官"；景公返，晏婴由饮食引申至政治，提出了"和而不同"的评论。

孔子当时年方三十，景公是邻近鲁国的大国之君，晏婴是齐国的元老重臣，正直君子。两人相偕入鲁问礼于孔子，是不可思议的事。《春秋》经传只提到景公田猎于沛，这是景公当年离开齐国都城的唯一记录，晏婴亦未从行。孔子论虞人守官之事，显系风闻而评论，并非亲见其事。青年时期的孔子，仍未到知天命之年那样有着"岁不我与"的急切心情，是否会对这么一位平庸的国君有所期待，是值得怀疑的。

如果孔子对齐君无所期待，那么，去鲁适齐，既不是追随鲁君，效其私忠，也不是寻求在齐国的出仕机会，而只是单纯的避乱，或者再加上对季氏的抗议吧！待得鲁国情势稍定，孔子即返鲁，其中未必有齐国大夫忌才、景公许而未用之事。孟子说："孔子离开齐国，连洗好的米都等不及炊煮，匆匆用布包好，就急着动身。"《孟子·万章下》告别齐国，毫无留恋之情，这应是对孔子当时心境的精确描写。

桓子卒受齐女乐，三日不听政；郊，又不致膰俎于大夫。孔子遂行。《史记·孔子世家》

孔子离开齐之后十六年，在过了知天命之年后，令人惊奇的是，天命似乎转向了，给了孔子一生中唯一的机会。不清楚究竟为什么,孔子似乎得到了定公和季桓子两人的信赖与重用,从中都宰到大司寇,进行了三年的新政。

《史记·孔子世家》中记载:

> 后来鲁定公以孔子担任中都宰,一年,四方来取法。孔子由中都宰升迁为司空,又由司空升迁为大司寇。……定公十三年(公元前497年)夏天,孔子向鲁定公建言:"为人臣者,不应私藏甲胄,大夫不得营建广达三百丈的城邑。"孔子遣仲由(子路)任季氏家宰,展开了堕毁三大违制城邑的行动。

《左传》和《公羊传》在鲁定公十二年(公元前498年),也都提到了关乎孔子政治生命的关键事件——"堕三都":

> 仲由(子路)为季氏家宰,将堕三都。《左传》

> 季孙斯、仲孙何忌,率军堕毁费城。何

以要率军堕毁郈城？率军堕毁费城？孔子当时深得季氏大夫重用，三月之内，言听计从。孔子说："私家不藏甲胄，城邑不得广达三百丈。"于是率军堕郈，率军堕费。《公羊传》

《史记·孔子世家》将"堕三都"的启动，定于鲁定公十三年（公元前497年）夏，由《左传》校订，显然是错误的。这件春秋历史上的大事，应当始于鲁定公十二年（公元前498年）夏，终结于冬十二月，鲁定公围成，弗克，无功而返。

孔子汲汲于行道，恢复封建礼乐秩序，唯一的机会就是鲁定公十二年（公元前498年）的"堕三都"。这是整个春秋时代，仅见的由国君和强宗世卿联手，打击"大都耦国""陪臣执国命"的僭礼现象。春秋以来封建秩序一路倾颓败坏，这也是第一次力挽狂澜的壮举。

如同滔滔洪流中的砥石激起的巨浪，大江东流既是一代气运所终，浪花跌落也只给慕旧秩序的保守者留下万分惆怅。"堕三都"之所以看似颇成气候，只是因缘巧合，历史意外地走上潮流之外的歧路，昙花一现，又迅即回到原来的轨道。孔子时为大司寇，子路为季氏宰，师生二人深受鲁定公与执政大夫季桓子的重用。正值前几年，费宰公山不狃等不得志于季氏，与阳虎共谋去三桓，季桓子还曾经在鲁定公五年(公元前505年)为阳虎所执；而鲁定公十年(公元前500年)叔孙氏家臣侯犯以郈叛。因此季孙、叔孙二家都深感于家臣势凌大夫的危机，孔子与子路在此时所提出的"堕三都"正好合乎了各方的意图(尽管各方的意图可能是不一致的)：孔子要规范并维护封建秩序，季氏、叔孙氏要对付坐大的家臣，鲁君也可借此伸张自己的权势。

所以"堕三都"事件，并不是单纯在"行道"的意图上的实践，甚至可以说，此事在政治权力场上，只是最微弱的声音。等到孟孙氏开始抗拒时(因为堕郕邑并不符合他的利益，孟懿子仲孙何忌还是孔子的学生呢)，堕三都之事乃功败垂成。一般认为，孔子也因此事件的急转直下，黯然下台，终至于鲁国没有再给他任何机会，只有往外寻找新的可能。但是，历史的潮流，时代的主流价值，映衬着孔子的"不合时宜"，孔子再也没有第二次机会了。

《史记·孔子世家》对孔子之去鲁，归咎于齐国因惧怕孔子得志于鲁，鲁国国势必盛，故而从中破坏，赠女乐于鲁，鲁君和季桓子因而荒废政事，孔子有志难伸，不得已而去鲁。这样的说法恐怕是后世儒家刻意夸张孔子在现实政治上的卓越成就,与当时的历史实情不合。

孔子政绩的"神话",《史记·孔子世家》中有记载:

> 鲁定公十年春天,鲁国与齐国重修旧好。夏天,齐国大夫黎鉏向齐景公进言:"鲁国重用孔丘,势必危及齐国。"景公于是遣使者邀约鲁国在夹谷进行和平会谈。……景公惧怕,知道自己在道义上不如对方,归国后感到惶恐,告诉身边臣子:"鲁国大臣以君子之道辅佐其君,而你却以夷狄之道教导寡人,使我得罪于鲁君,怎么办呢?"官员进而应对:"君子犯了过错,则以具体的物事谢罪;小人犯了过错,则以虚伪的文辞谢罪。国君如果真心补过,那么须有实质的表示。"于是齐侯归还了过去从鲁国侵夺的郓、汶阳、龟阴之田以谢过。

> (孔子)于是诛杀乱政的鲁国大夫少正卯。

孔子参与国政三个月，卖羊卖猪的小贩不乱开价；男女在道路上分开行走；百姓路不拾遗；四方旅客来到鲁国，不必向相关官吏请求，就会得到如同在自己家乡一般亲切的关照。齐人听说了鲁国的情形而感到惧怕，说："孔子为政必然使鲁国强大，一旦鲁国称霸，邻近的我国恐怕会首先遭到兼并。不如先赠地给鲁国吧？"黎鉏说："还是先尝试破坏鲁君对孔丘的信任；不成，再赠地也不迟！"

第一段说的是孔子在夹谷之会中的表现，义正词严，让齐景公感到羞愧，故归所侵鲁之郓、汶阳、龟阴之田以谢过。第二段则亟言孔子三月之中，几乎在鲁国创造了大同世界，齐人惧而欲先割地以避祸。

我们不妨来看看《左传》是如何记录夹谷之会中齐鲁双方的外交折冲：

> 齐鲁将要盟誓。齐人在盟约的"载书"上写着："齐国军队出境，鲁国若不以甲车三百

乘追随从命，依盟约而惩处。"孔丘遣兹无还作揖而对："齐国若不归还我国汶阳之田，我国听命于齐国的事，也比照办理。"

孔子基本上是以归还齐国侵鲁所得汶阳之田，作为齐、鲁两国签订盟约，鲁国承诺成为齐国附从国的交换条件。齐国归鲁田邑，纯粹只是外交筹码，怎能是因齐君道德上的羞愧而拱手奉上？

齐、鲁尽管相互侵轶，但齐大鲁小的格局是个长期不变的历史事实。短短几年间，齐、鲁国势消长至于齐国惧怕为鲁国所兼并，主动割地求和，恐怕在其他史料中也找不到任何佐证。司马迁这段记事发生在鲁定公十四年(公元前496年)，误，孔子去鲁当为鲁定公十三年(公元前497年)，也就是在"堕三都"功败垂成之后不久的事。"堕三都"失败，孔子已失去季桓子的信任，即使曾有所谓"孔子行乎季孙，三月不违"的好光景，也成明日黄花。不待齐人沮之，孔子在政治的路上遭遇重大的挫败，已是不可挽回的事实了。

孟子说："孔子离开齐国，连洗好的米都等不及炊煮，匆匆用布包好，就急着动身。但是孔子离开鲁国时，说：'迟迟吾行也。'这正是离开父母之国该有的态度。"(参阅《孟子·万章下》)鲁定公十三年(公元前497年)，孔子五十五岁时，他终于离开鲁国，开始了长达十四年的流亡生涯。当二十六岁的青年冉有驾着马车载着孔子，逐渐远离故国时，孔子流连再三，徘徊久之。也许性格坚毅的孔子不会因此而落泪，但是如果他当时就知道，此去一别，就是十四个年头，他心里可会有些犹豫？

"五十而知天命"的孔子，是未出仕前的孔子，是那"循道弥久，温温无所试，莫能己用"(修道良久，却郁郁不得志，始终不得任用)的孔子。五十一岁时，老天对孔子开了一个大玩笑，让他在"行道"无望之时，有了第一次机会，而且是看似不错的机会，但也是最后一次机会。孔子政治生命中仅有的一千个"春天"，很快地，繁花落尽，走过秋凉，进入严冬。而潘多拉的盒子一旦打开，"行道"的历史使命再也无法禁锢，孔子的晚年，坠入了一个不可自拔的深渊，至死不休。

吾未见好德如好色者也。《论语·子罕篇第九》

当青年冉有的马车,扬起漫天风尘,渐次远离了鲁国的边境,进入卫国东境时,《论语·子路》留下了这样的记录:

> 孔子到卫国去,冉有为他驾车。孔子赞叹:"百姓真多啊!"冉有问:"百姓众多,再来还需要什么呢?"孔子说:"让百姓富有。"冉有又问:"百姓既已富有,再来又如何呢?"孔子说:"善施教化。"

"庶""富""教"的施政三部曲,后来成为理解儒家政治思想的重要典范。孔子这时的心情大概是怀抱着期待吧!

孔子也许未能料到,他前脚才离开鲁国的泥淖,后脚就踏进了卫国近二十年的混乱中。孔子第一次到卫国时,卫灵公已在位三十八年,正宠幸夫人南子。南子,宋国公主,与宋国公子宋朝有私情,她在朝中结党,颇成一方势力。这一年(鲁定公十三年,公元前497年),卫大夫公叔戍因富厚太甚，又不能谨遵臣礼，为灵公所嫌恶。公叔戍图谋除去夫人之党，南子却先下手为强，指控公叔戍图谋叛乱。因此，次年春天，公叔戍被灵公逐出卫国，奔于鲁国。

这年秋天(鲁定公十四年，公元前496年)，卫大子(太子)蒯聩使齐途经宋国，宋国野人作歌曰："既定尔娄猪，盍归吾艾豭。"娄猪，求子猪，喻南子；艾豭，姣好的公猪，喻宋朝。换言之，宋野人之歌，正是讥讽南子与宋朝的私情。蒯聩闻之羞愧难堪，乃使其家臣戏阳速杀南子，戏阳速不从，南子向灵公哭诉，于是蒯聩出奔，托庇于晋国执政大夫赵简子。三年后(鲁哀公二年，公元前493年)，卫灵公卒，蒯聩子辄继立为君。父子相残的戏码不变，只是向下延伸了一代，由灵公、蒯聩父子不和，转为蒯聩、辄父子兵戎相向，争权夺位。再十三年后(鲁哀公十五年，公元前480年)，蒯聩终于回国出演了"王子复仇记"，而他的"复仇"竟是赶走了自己的儿子，抢得国君权位。

孔子初至卫国，即相继遇上了公叔戍被逐与太子蒯聩出奔的政治动乱。《史记·孔子世家》以为孔子初适卫，居十月，受人之谮，因恐获罪于卫灵公，故去卫"过匡"，匡人误认孔子为阳虎，遂拘止孔子五日。又以孔子于鲁哀公二年(公元前493年)，自陈返卫途中"过蒲"，正遇上公叔戍据蒲叛卫，又止孔子，孔子与蒲人盟而出，返至卫，这时是卫灵公在位的最后一年。之后孔子又南行适陈、蔡、楚诸国，于鲁哀公六年(公元前489年)返卫，自此孔子长居卫国，即使曾经有去卫、西入晋国的念头，但终未成行。

钱穆认为《史记》中关于孔子这段行止的叙事错乱，他大胆地推断"过匡""过蒲"为一事两传，"匡""蒲"两地相近，皆在卫国南方，是往郑、宋两国必经之邑。"过匡""过蒲"，皆在鲁定公十四年(公元前496年)春，与公叔戍据蒲叛卫之事相涉。《论语》中记载的"子畏于匡"，即《史记·孔子世家》所谓"过蒲"之事。孔子于鲁定公十三年(公元前497年)春去鲁适卫，居十月，去卫，时间上亦吻合。(参阅钱穆《孔子传》)

钱穆对《史记·孔子世家》的辨正是可以接受的。孔子因相貌疑似阳虎而为匡人所拘禁，公叔戍在被逐三年后，又据蒲而叛，都是可疑的记事。而孔子蒙难于匡(从《论语》。匡近于蒲，解为"过蒲"亦可通)，终脱困而返居于卫，大致没有异说。

孔子为什么居卫十月后，要离开卫国都城往南方走？他想去哪里呢？"畏于匡"的真正原因是什么呢？这些问题恐怕不易有确切的答案。但是，孔子自匡返卫后，曾仕于卫灵公，在卫灵公去世之年(鲁哀公二年，公元前493年)终又离开卫国，往南方的陈、楚寻求行道的可能性，大概是可以确定的。

卫国大夫王孙贾曾问孔子："与其取媚于奥(室西南隅，尊者所处，喻地位崇高者)，宁可取媚于灶(奥尊而灶贱，"灶"喻位卑权重者)，为什么这么说呢？"孔子说："不是这样的，如果获罪于天，再怎么祈祷也是枉然。"(《论语·八佾》)"奥"，是居室幽微深隐之处；"灶"，或言其卑辱，或喻为实际掌政事者。这句话历来众说纷纭，钱穆以为王孙贾疑孔子欲因南子以求仕，故"谓与其借援于宫闱之中，不如求合于朝廷之士"(参阅钱穆《孔子传》)，今从其说。《论语·雍也》记载："孔子会见南子，子路很不高兴。孔子信誓旦旦地说：'予所否者，天厌之！天厌之！'"孔子与南子的会面，显然引起了子路和王孙贾的质疑。《史记·孔子世家》中对此事的说法是，南子坚持要见来访的君子，孔子"辞谢，不得已而见之"。换言之，孔子居于被动，只是于礼难辞。若是我们想到，在孔子居鲁未仕之时，阳货欲见孔子，孔子虽然不愿意，却仍依礼回拜赐豚于自己的大夫的前例，司马迁的记载当可信。

图2　卫灵公夫人

孔子在卫国,曾经与卫灵公夫人南子会面,子路不悦,使得孔子指天立誓以明志。南子深受灵公宠幸,权重一时。孔子因此感叹:"吾未见好德如好色者也。"

两千五百年后的今天，回看卫国政治上的纷乱，对南子所扮演的角色，如果还从"牝鸡司晨"的角度批判其淫秽乱德，只手遮天，那就该检讨了。但是在说出"唯女子与小人为难养也，近之则不逊，远之则怨"（《论语·阳货》）那样"政治不正确"之语的孔子眼中，恐怕南子绝非他愿意援借以寻求卫灵公重用的桥梁。《史记·孔子世家》又这么述说孔子在卫国所遭受的屈辱：

> （孔子）在卫国待了一个多月，有一回，灵公与夫人同车，宦者雍渠陪侍在右，一同出游，却使孔子为次乘（第二辆车），招摇过市。孔子说："我从来没见过爱好贤德如同爱好美色一般的人啊！"因此看不起卫君，离开卫国，路过曹国（往宋国去）。

如果孔子在灵公之世之前去卫南行只有两次的话，第二次是鲁哀公二年（公元前493年）"灵公问陈""目视蜚雁"之后，孔子南去陈、蔡，直到鲁哀公六年（公元前489年）才返卫，那么，孔子第一次离开卫国，则当在此事之后。（而西行欲见赵简子，则当在自匡返卫后，二次去卫前不久。）这一次，是不是就是"畏于匡"为匡人所拘的那次呢？若如前所述，"过匡""过蒲"为一事两传，与公叔戌据蒲而叛有关，那么，孔子与南子的关系，是否的确在卫人间引起了一些揣测，以致公叔戌之党以为孔子是支持灵公、南子的呢？

孔子三十五岁时，于三家共逐昭公乱事中去鲁，也许纯粹只是"乱邦不居"的避难之旅。五十五岁时，在政治事业上的大挫败后，他黯然下野，挥泪告别故国。但是这一次，却更为不堪。他不是在奋力一击后，悲壮地离去，而是根本就没被当回事。甚至，孔子走不走，也许都不是卫灵公在意的事。当孔子说"吾未见好德如好色者也"（《论语·子罕》）时，心中愤恨之情，可以想见。

孔子去卫，据《史记·孔子世家》记载，他这时到了南方的陈国，待了三年，因吴再伐陈而返卫（鲁哀公二年，公元前493年，卫灵公卒岁）。途中经蒲，受困于公叔戌之党。返卫后，与灵公有短暂的相处，却又因"道不同，不相为谋"，在灵公去世前，再度去卫适陈。但是，学者多认为《史记·孔子世家》中记载孔子两度去卫适陈是错误的，孔子只在灵公卒岁（公元前493年）真正离开卫国，南下过曹，经宋至陈。因此，灵公好色而不好德，"孔子丑之，去卫"之后，比较可能的是畏于匡、蒲，受阻无法南行，不得已，只好再回到卫国，又待了三年。(参阅钱穆《孔子传》)

卫灵公在这几年当中，积极介入晋国赵氏与范氏、中行氏的内战，会齐救范氏，与晋执政大夫赵氏为敌，当然，这应当和赵氏支持流亡的大子蒯聩有关。因此，灵公心中真正关心的是如何扬其军威、张其国势：

> 卫灵公问起军阵行列的道理，孔子说："行礼如仪，我倒是懂得，军旅之事，却从来没学过。"第二天，孔子离去。(参阅《论语·卫灵公》)

同样的一件事，在《史记·孔子世家》中，又多了个后续的记事：

> （1）卫灵公问军阵行列的道理，孔子说："行礼如仪，我倒是懂得，军旅之事，却从来没学过。"第二天，卫灵公与孔子谈话，只顾仰视空中飞雁，心不在焉。于是孔子离去，

又到了陈国。……

（2）灵公年老，怠于政事，也不用孔子。孔子喟然兴叹："如有国君能用我为政，一年小可，三年可以有所成就。"孔子只好离开了。

这几段记载，说的当是同一件事，就是公元前493年孔子离开卫国的原因。看来，卫灵公即使不好色，孔子所谈的礼乐制度，也绝非其所好。或者该说，不只是卫灵公，恐怕被孔子视为"斗筲之人"的"今之为政者"，正前赴后继地走在那条逃离封建礼乐的道路上。孔子踽踽独行，只能和行路匆匆的权贵不断擦身而过，张口欲言，对面走过的行人或者神色漠然，或者始终不能同调。

孔子晚年居鲁时，仍与季康子亟言卫灵公之"无道"。其实，孔子一生中又什么时候遇到过真正的"明君"呢？楚昭王曾经是孔子寄予厚望的国君，但是，孔子南游，未能得见楚昭王，楚昭王即卒于城父。如果，孔子真见到了楚昭王呢？（《史记·孔子世家》称楚昭王欲封孔子七百里书社地，为令尹子西所沮，不可信。）真能君臣相得，力行周公礼乐，重返历史净土吗？

也许，待访的君子，永远等不到圣明的君王，才是现实世界的不二真相。两千多年后的黄宗羲，不也重复了孔子的等待吗？

归与！归与！吾党之小子狂简，斐然成章，不知所以裁之。（《论语·公冶长篇第五》）

卫国之外，孔子待得最久的是陈国。从卫国到陈国的旅行，险阻重重。"去卫过曹，去曹适宋"，在宋国，不知为什么宋大夫桓魋想要杀孔子。孟子说："孔子在鲁国、卫国都不受欢迎，又闻宋国司马桓魋要杀了自己，于是微服而过宋。"（参阅《孟子·万章上》）孔子在这次危难中，坚定而无惧地说："天生德于予，桓魋其如予何？"（《论语·述而篇第七》）正如同在"畏于匡"时，孔子也这么豪气万千地说：

文王早逝，文德岂非着落到我身上。如果天要灭了这样的文德，又怎会让我来参与这文德的发扬呢？如果天不想灭了这文德，匡人又能奈我何？（参阅《论语·子罕》）

六十岁以前的孔子,始终顽固地不向命运低头,也始终坚定地寻找现实中的政治出口,不管遭逢任何困厄,他始终相信,只要"天未丧斯文",只要老天还不想让这个世界彻底毁坏,他的理想终有实现的一天。道路曲折,百转千回,前路虽遥,却是可以瞻望、可以期待的。

这样的信心,在几年后似乎已消逝无踪。当孔子在陈国,喃喃地道:"回去吧!回去吧!家乡的年轻人志大而才疏,斐然成章,却不知如何约束自身。"(参阅《论语·公冶长篇第五》)孔子开始有了想"回家"的想法。《史记·孔子世家》把孔子这样的感慨,放在季桓子卒,季康子继立,召冉有(求)归鲁而重用的时候:

> 秋天,季桓子病重,乘辇而见鲁城,喟然兴叹,说:"昔日吾国眼看几乎就要兴盛了,却因我获罪于孔子,而错过良机。"回头对将继嗣的康子说:"我死之后,你必然接掌鲁国的政权;等到你掌权之后,务必召回仲尼。"几天后,桓子逝去,康子代立。葬礼结束,季康子想要召回仲尼。公之鱼却说:"昔日先君

不能始终如一地重用仲尼,终为诸侯所笑。今天又重用之,如果不能有始有终,势必再受诸侯讪笑。"康子说:"那么可以召用谁呢?"公之鱼说:"应该召冉求。"于是派遣使者召唤冉求。冉求将有远行。孔子说:"鲁国召回冉求,不只是小用而已,将要重用他啊!"同一天,孔子说:"回去吧!回去吧!家乡的年轻人志大而才疏,斐然成章,却不知如何约束自身。"子赣(子贡)知道孔子想回去,为冉求送行时,乃告知冉求:"若能有所用,想办法让他们请老师回鲁国。"

这段记事有几个要商榷的地方。首先,季康子召冉求,冉求归鲁是哪一年?季桓子卒于鲁哀公三年(公元前492年)秋,及葬,季康子谋召冉求。冉求在当时就自陈归鲁了吗?《史记·孔子世家》是这么记载的:"冉求离开后,第二年,孔子自陈迁居于蔡。"孔子自陈迁蔡,司马迁定在哀公四年(公元前491年)。但是,《论语·述而篇第七》中记冉有问"夫子为卫君乎",子贡因此问孔子对伯夷、叔齐的评价，而得到了"夫子不为也"的结论。《论语·子路篇第十三》也载有，子路问："卫君待子而为政，子将奚先？"孔子答以："必也正名乎！"这两段对话的背景，都是卫出公辄与其父卫后庄公蒯聩之间国君保卫/争夺的政治斗争，那是在孔子于哀公六年（公元前489年）秋自陈返卫之后的事了。而"正名"之说，司马迁系于哀公十年（公元前485年）。而据《左传·哀公七年》（公元前488年）记载，此年夏鲁哀公会吴，吴来征百牢，季康子使子贡辞，可知当时子贡已返鲁出仕。哀公十一年（公元前484年），齐师伐鲁，冉有为季氏宰，在那次防卫战中立下大功，樊迟也在阵中。季康子之所以愿意召孔子归鲁，恐怕和冉有这次的重大贡献有关。

综合上述资料，冉有、子贡于哀公六年至七年间，仍伴随孔子在卫。子贡于哀公七年（公元前488年）时已在鲁，冉有归鲁时间不明确，但是在哀公十一年（公元前484年）他已深受季康子重用，归鲁应有一段时日。子路则于哀公十年（公元前485年）之后返鲁。因此冉有于哀公三年（公元前492年）归鲁，乃至于子贡诫以"即用，以孔子为招"的说法，也许不正确。

至于季桓子临终，悔不用孔子，故而遗命康子召孔子，然为公之鱼所沮之事，我认为那是后世儒者虚构出来的"孔子神话"。齐景公欲用孔子，为晏婴所沮；楚昭王欲用孔子，为令尹子西所沮，皆是同样的"神话"主题的反复。孔子的一生，恐怕"莫己知"才是真正的主调，而不是"知"而后受"沮"。

但是，孔子在陈的"归与"之叹，侧面说明这位固执的老者也有疲惫想休息的时候。衡诸孔子浪迹河、淮之间的行止与遭遇，如果说孔子有了想回家的念头，不久后，整理沉重的行囊，北上居卫，伺机归鲁，应该是合理的推测。换言之，鲁哀公六年(公元前489年)，孔子六十三岁，在经历了多次的期待落空后，浪迹河、淮之间，屡逢危殆；徘徊于卫、宋、陈、蔡、楚诸国道路上，所遇不合；同时，孔子也渐渐老去了。五十之年的孔子，已有"岁不我与"的焦虑，到了六十三岁，还能有多少光阴可以在空等中虚掷？孔子开始认真思考另一种可能，在"行道"不可期的时候，也许"藏道"或"传道"是他不得已而选择的唯一道路。"吾党之小子狂简，斐然成章，不知所以裁之。"裁正后生小子，孔子又回到他前半生"传道，授业，解惑"的旧途。

自陈至卫后，又等了五年，孔子才真正如愿返鲁。居卫的最后五年，依孟子的说法，既非与季桓子的"见行可之仕"，亦非与卫灵公的"有际可之仕"，而是与卫孝公(出公辄)的"公养之仕"(参阅《孟子·万章下》)。孔子对卫出公辄是不抱期待的，在卫国的最后五年，只是孔子归鲁中途居停的处所。这五年当中，《史记·孔子世家》几乎无事可记。由于卫国近鲁，子贡、冉有、子路相继返鲁，开启了孔门弟子在鲁国政坛上的第二春。但是孔子生命中最后的挫败与落寞孤寂，也因此而漫天袭来。

鸟能择木，木岂能择鸟乎！(《左传·哀公十一年》)

孔子最后归鲁的关键，应当是子贡、冉有等弟子在鲁国屡建功勋，获得了季康子的信赖，特别是鲁哀公十一年(公元前484年)郎之战，三家大夫互有心机，孟氏、叔孙氏不想出兵共御外侮。冉有言辞机锋，智激二氏，使得三家得以一心御敌。作战时，冉有指挥若定，大败齐师。在这次战事中，冉有可谓鲁国与季氏转危为安的灵魂人物。郎之战在春天,这年冬天,孔子自卫归鲁,冉有、子贡自当在里头扮演了重要的角色。

鲁哀公十一年(公元前484年),卫国大夫孔圉(大子蒯聩的姐夫,其子孔悝即日后子路之主君,蒯聩入卫之役,子路为孔悝赴难死)与太叔疾结怨,原来只是因为宋子朝出奔,孔圉强出太叔所娶宋子朝之女,以己女妻之,但太叔仍又纳了前妻的妹妹为妾,如有二妻。孔圉大怒,欲攻太叔,访于孔子,《左传》这么记载:

> (卫国大夫)孔文子将要攻打太叔,访于仲尼。仲尼说:"你若问我祭祀礼仪,我是学过的;若问军旅甲兵之事,抱歉,那不是我所学的。"待其离开后,即命门人预备车驾而行,孔子说:"飞鸟能选择栖止的树木,树木岂能选择飞鸟?"文子急忙阻止,说:"圉(孔文子名)岂敢只为自己打算,我为的是防止卫国的祸患。"孔子考虑留下。正好鲁国以币迎孔子,于是孔子就回到鲁国。

鲁哀公十五年（公元前480年），孔悝卒，谥为文子，子贡问夫子："孔文子何以谓之'文'也？"孔子回答："敏而好学，不耻下问，是以谓之文也。"《论语·公冶长篇第五》换言之，孔悝还是孔子称道的卫国君子，竟因儿女私务，要大兴甲兵。孔子终于彻底绝望，结束了十四年的自我放逐，回到睽违许久的故国。

孔子以一句"鸟能择木，木岂能择鸟乎"，写下了流亡生涯的句点。"鸟能择木"，意味着君子自己才是行动与抉择的主体，然而当"绕树三匝，何枝可依"的时候，这样的主体意义及其尊严，是否会失去了着落呢？君子的意志如同飞鸟一般，振翅翱翔，自由自在，但是飞鸟终究要栖止在林木之上，鸟虽能择木，而林木之形，却不是鸟所能决定的。

也许，梦想家的悲哀就在这里吧！

我待贾者也

对孔子这样的梦想家来说，梦想的实现，必须取决于外在世界的配合，尤其是，"道"的实践，必须借由政治权位的发动。博雅君子唯一的凭借是知识，但是知识缺乏自我实践的能力，实践的动能在权力，自孔子以来的儒家莫不如此理解。因此，"知道"只是"行道"的必要条件，而非充分条件。

根本的问题是：在一个"无道"的时代，"知道"的有德君子该如何自处？更根本的问题是：世界既已"无道"，那么，"行道"如何可能？

直哉史鱼！邦有道，如矢；邦无道，如矢。君子哉，蘧伯玉！邦有道，则仕；邦无道，则可卷而怀之。（《论语·卫灵公第十五》）

孔子曾经多次谈到"邦有道"与"邦无道"两种不同

情境之下所当守的伦理,有的直接以说理表述,有的则以人物评价明志:

> 宪问耻。子曰:"邦有道,谷(得到俸禄);邦无道,谷,耻也。"(《论语·宪问篇第十四》)

> 子曰:"邦有道,危(高峻)言危行;邦无道,危行言孙(谦退)。"(《论语·宪问篇第十四》)

> 子曰:"笃信好学,守死善道。危邦不入,乱邦不居。天下有道则见,无道则隐。邦有道,贫且贱焉,耻也;邦无道,富且贵焉,耻也。"(《论语·泰伯篇第八》)

> 子谓南容,"邦有道,不废;邦无道,免于刑戮"。以其兄之子妻之。(《论语·公冶长篇第五》)

> 子曰:"宁武子邦有道则知,邦无道则愚。其知可及也,其愚不可及也。"(《论语·公冶长篇第五》)

子曰:"直哉史鱼!邦有道,如矢;邦无道,如矢。君子哉,蘧伯玉!邦有道,则仕;邦无道,则可卷而怀之。"《论语·卫灵公篇第十五》

"邦有道"与"邦无道",其实只是在纯粹理念上的分类,在孔子眼中,他的一生中,恐怕还没有哪个年代可称为"有道"之世吧!以下的简单年表(孔子年龄从《史记》),可以说明孔子所处的时代:

襄公二十五年(公元前548年),孔子四岁,崔杼弑齐庄公。

昭公五年(公元前537年),孔子十五岁,三家四分公室,季氏取其二,孟孙、叔孙各一。

昭公六年(公元前536年),孔子十六岁,郑国子产"铸刑书",晋大夫叔向写信严厉批评子产。

昭公十二年(公元前530年),孔子二十二岁,(二十一岁时)初为乘田、委吏之时,费宰南蒯以费叛,如齐。

昭公二十五年(公元前517年)，孔子三十五岁，三家共逐昭公，昭公奔齐，居于乾侯；孔子亦去鲁至齐。

昭公二十八年(公元前514年)，孔子三十八岁，晋六卿诛公族，分其邑，各使其子为大夫。

昭公二十九年(公元前513年)，孔子三十九岁，晋国"铸刑鼎"，孔子曰："晋其亡乎？失其度矣。"

昭公三十二年(公元前510年)，孔子四十二岁，昭公卒于乾侯。

定公六年(公元前504年)，孔子四十八岁，王子朝之徒作乱，周敬王奔晋。

定公八年(公元前502年)，孔子五十岁，阳虎欲去三桓，入于讙、阳关以叛。

定公十年(公元前500年)，孔子五十二岁，从定公参与夹谷之会。

定公十二年(公元前498年)，孔子五十四岁，与子路主导堕三都，失败。

定公十三年(公元前497年)，孔子五十五岁，去鲁适卫，开始长达十四年的周游列国之旅。

定公十四年（公元前496年），孔子五十六岁，卫大子蒯聩奔宋。

哀公二年（公元前493年），孔子五十九岁，卫灵公卒，卫国立太孙辄，晋赵鞅欲纳太子蒯聩，父子争位。

哀公六年（公元前489年），孔子六十三岁，吴伐陈，孔子与弟子困于陈、蔡；齐国大夫陈乞废安孺子荼而立公子阳生（齐悼公），阳生使人杀荼。

哀公十年（公元前485年），孔子六十七岁，齐人弑悼公。

哀公十一年（公元前484年），孔子六十八岁，返鲁。

哀公十二年（公元前483年），孔子六十九岁，鲁国"用田赋"。

哀公十四年（公元前481年），孔子七十一岁，齐陈恒弑齐简公。

在"邦无道"时究竟要如何自处呢？孔子在上引几段资料中，只有称赞史鱼时说："邦无道，如矢。"其他每一段中谈的都是明哲保身之道，如"邦无道，危行言孙""(天下)无道则隐""邦无道，免于刑戮"(宁武子)邦无道，则愚""(蘧伯玉)邦无道，则可卷而怀之"。在"邦有道"时，应积极地用世实践，但"邦无道"时，从消极面来看，是退缩而明哲保身；从积极面来看，则是"卷而怀之"，"隐"的目的是要"藏道以待后人"。

但是，孔子自身在"邦无道"的时候，即使不是像史鱼一般"如矢"，"则隐""如愚""免于刑戮""卷而怀之"大概都不是孔子要选择的方式吧！

如果以五十一岁出仕中都宰为界线划分孔子的前半生与后半生，大体可以说，五十岁之前，"鲁自大夫以下皆僭离于正道，故孔子不仕，退而修诗书礼乐，弟子弥众"(《史记·孔子世家》)。所谓"五十而知天命"，其实是剑未出鞘前的心情。四十岁以前，孔子做的是"知道"的功夫，"四十不惑"则是对"道"已了然于胸，有着坚定的信念。而五十岁之前，孔子为自己人生安排的是"宣道"的路子。五十岁以后在鲁国的短暂政治生涯，和十四年的周游列国，孔子追求的是"行道"的机会。到了晚年居鲁，特别是当几位弟子和孔子在理想(道的实践)与事功(道在现实中的扭曲呈现)间，有了无可转圜的矛盾，才转而以"藏道"来定位自己。对孔子来说，"卷而怀之"只是在山穷水尽、无路可走的时候，不得已的选择。

沽之哉！沽之哉！我待贾者也。(《论语·子罕篇第九》)

但是，"道"毕竟不是空中楼阁的虚幻概念，它必须通过实践才能展现自己。"人能弘道，非道弘人。"(《论语·卫灵公篇第十五》)因此，"行道"始终是悬在孔子心中的一个牵挂，正因天下"无道"，才更须"拨乱反正"，行道于人间。

也因此，在五十岁稍前，孔子与阳货(阳虎)之间，有了一场精彩的对话：

> 阳货想要孔子去拜见他，孔子不愿见他。阳货就送孔子猪肉，让孔子不得不回礼。孔子估计着阳货不在的时候，前往回

拜，却在路上撞见了。阳货对孔子说："来，我跟你说。"（阳货说:）"身怀异才，却坐视自己的国家迷乱，可以算得上是仁吗？"（孔子回道:）"不是。"（阳货又说:）"有志于实践，却常常误失时机，可以算得上是智者吗？"（孔子回道:）"不是。"（阳货说:）"岁月一天天逝去，时间是不会等待我们的啊！"孔子说："是的，我就要出仕了。"（参阅《论语·阳货篇第十七》）

孔子所说"吾将仕矣"，不是推托之词，而是严肃的宣言。宝剑要出鞘了，只是阳货并非孔子所等待的人，孔子在等待一个更恰当的机会，他不愿所信守的"道"只是徒托空言。孟子说："孔子如三月无君王可事，则栖栖惶惶，出疆行旅，必载着事君用的礼物（质）同行。"（参阅《孟子·滕文公下》）这指的是五十岁以后的孔子。

但是，孔子自己只有短短三年的实践时间，而他失败了。后来，他的弟子们在鲁国又得到了第二次实践的机会，但是孔子认为他们背离了"道"。

图3 孔子像

据说孔子生来"圩顶",也就是头顶中低而旁高。南宋画家马远也许正是据此画了这幅画像。画中的孔子身着长袍,拱手而立,神情肃穆。

失败后的孔子,开始了长达十四年的寻找,找一个可以期待的君主,再给孔子一个机会,给"道"一个机会。当孔子初访卫国,年方二十有余,后来被孔子喻为"瑚琏之器"的贵介青年卫赐(子贡)拜入门下。子贡曾问孔子:"这里有一块美玉,是藏在盒子里,还是求个好价钱卖?"孔子说:"卖啊,卖啊,我正等待商人上门来呢!"

(参阅《论语·子罕篇第九》)

这正是先秦士君子的结构性困境,知识必须附在权力之上才有实践的能动性,"行道"不能绕过政治,"知道"的士君子只是怀抱美玉(道)求售的行者,而拥有权力的国君贵卿则是求售的对象。正因为"行道"必须等待"贾者",所以,当"贾者"所想望的,不是"怀其宝者"藏于椟中的美玉,这样的落差,就注定了孔子的寻找要落空了。

"知命"之年的孔子,曾经有了一次让他心动的机会。

季氏家臣公山不狃以费邑叛季,召孔子。《史记·孔子世家》说:"孔子循道弥久,温温无所试,莫能己用。"于是孔子有意前往。子路不悦,孔子终于没有成行。周游列国期间,晋大夫赵简子之邑宰佛肸以中牟叛,召孔子。孔子又动心了,子路再次阻止,孔子终于还是没去。

传统儒家以父子之亲、君臣之义为五伦之首,公山不狃和佛肸是"乱臣贼子",身为儒家大宗师的孔子,怎么可能为其所用呢?当然,像这样以学派后来的思想内容来规范自己的祖师爷，在逻辑上是否可通，是个问题。而传统儒家在圣人形象、圣人义理、圣人事迹三者之间，始终存在复杂的纠葛。有时候以义理来决定事实，有时候却为了维护圣人形象而修正义理。重要的是，该怎么来揣摩孔子面对这两件事时的心境？

司马迁说得很清楚，公山不狃召孔子时，孔子五十岁。对于一个"三十而立"的士君子来讲，在那样一个王纲解纽、礼坏乐崩、战乱连年的时代，百姓辗转于统治者的苛征暴敛与战争所带来的家破人亡、流离失所。努力实践所学，道济天下之溺，当是孔子心中深重的悲愿。但是当时的鲁国，"自大夫以下皆僭离于正道"，所以孔子"不仕，退而修诗书礼乐"《史记·孔子世家》）。孔子年近三十开始授徒讲学，但是空言不足以济世，他的用世之心之急切可想而知。当阳货质问孔子"怀其宝而迷其邦，可谓仁乎？"孔子说"诺，吾将仕矣！"时，恐怕心中也会浮现阳货所说"岁不我与"的焦虑吧！这样的一个人，到了五十岁，其实人生已经过了大半，却还没有用世的机会。而今，公山不狃自己有个根据地，表示会重用孔子，孔子难道不会动心，不会彷徨吗？

再一次，在周游列国，到处碰钉子的途中，孔子居卫，"灵公老，怠于政，不用孔子"。孔子慨然叹曰："苟有用我者，期年而已可也，三年有成。"（《史记·孔子世家》）此后离开了卫国。这时晋国的佛肸请孔子去帮忙，孔子会不会动心？

从后世儒家君臣之义的观点来看，孔子这两次动心，都是不应该的，所以也是不可能的。但是我们如果能体谅孔子那样急切的用世之情，想想他在那样的年岁，经历了那么多的挫折与失望，有个机会来到眼前，虽然不是理想的机会，因为公山不狃和佛肸毕竟不是孔子理想中的士君子，但是孔子动念考虑："去，还是不去？"不也是人之常情吗？

孔子终究是没去。理由在史书中不是很清楚，恐怕孔子还是觉得不能为了急于行道，却牺牲了更高的理想。孟子虽然说孔子是"可以仕则仕，可以止则止"的"圣之时者"（《孟子·万章下》），但是不能"枉道而从彼"，"枉己者，未有能正人"（《孟子·滕文公下》）这样的节操却是自孔子而下，先秦儒家的一贯态度。商鞅入秦，对秦孝公说以帝道，孝公"时时睡，弗听"；说王道，孝公仍"未中旨"；说霸道，孝公"善之而未用也";说强国之术,孝公"与语,不自知膝之前于席也"。(参阅《史记·商君列传》)这和孔子坚持理想,不打折扣,历数十年而不改,如何对比啊!

孔子在犹豫着是否应佛肸之召时,面对子路的质疑,他说:

> 但是,不是有这么个说法吗?"真正坚硬的东西,无论怎么磨也不会变薄;真正洁白的东西,无论怎么染也不会变黑。"我怎能只是颗葫芦瓜,只能挂着看却不能吃呢?

真正的君子,岂能轻易同流合污呢?同样地,当年子路质疑孔子欲应公山弗扰(狃)之召时,孔子说:"既然有人召请我去,自然是要重用我吧?如有用我为政的,我将兴周道于东方。"孔子有着绝对的自信,当他有机会进入现实政治中,取得某种角色后,改变的是现实世界,而不是他自己。但是,如果孔子能预见他晚年时,冉有、子贡、子路三位弟子得到重用,却一一从孔子所建构的理想世界中遁逃时,他的自信会不会稍减呢?

孔子两次怦然心动，两次都受到子路的严厉质疑，《论语·子罕》中孔子所说的"可与共学，未可与适道；可与适道，未可与立；可与立，未可与权"，也许可以放在这样的时刻。但是，在孔子一生可见的记录中，孔子的"权"都表现在寻找"贾者"的过程中，然而在实践的过程中，孔子总是表现出最坚定而不妥协的姿态。当然我们也看到，放在孔子面前的，只有一次又一次的挫折、失败、伤怀与绝望。

知我者，其天乎！（《论语·宪问篇第十四》）

《史记·孔子世家》承公羊学孔子感麟而作《春秋》的观点，在鲁哀公十四年（公元前481年）之后，司马迁描写孔子这个始终与时代、与命运顽抗的老人，终于承认了自己的失败。孔子说："吾道穷矣！"又说："罢了！罢了！君子担心的是逝去之后而不能为人所称道。我的道不能实践了，我该如何自见于后世呢？"

> （于是，孔子）乃因着鲁国史记的基础而作《春秋》，上至隐公，下迄哀公十四年（公元前481年），前后一共十二个国君的历史。据鲁，亲周，故殷，推而上承夏、商、周三代的法统。文辞简约而指意广博。所以吴楚之君自称为王，而《春秋》贬之曰"子"；践土之会实是晋文公召周天子，而《春秋》讳之曰"天王狩于河阳"；依此类推，以规范当世的不合于礼乐制度的行为。后世若有王者出，则能承《春秋》之义而开辟盛世。《春秋》之义得行，则天下乱臣贼子莫不惧怕。

以"历史著作"代行"天道"，作为"道"的另一种实践方式，其实司马迁自己就是孔子最好的传人，《伯夷列传》说的就是这样的信念。扭曲的现实世界，正义无从下手，只有在历史的法庭上寻求上诉。

"自见于后世"的焦虑其实首先来自"不见于当世"，"现在"的失败，只能寻求"未来"的平反，而"未来"则苦战于记录"过去"的历史。这是孔子在晚年为自己寻找的最后战场。以二十世纪前的传统中国来看，孔子是新战场的胜利者。

《论语·季氏篇第十六》记载了孔子的一段话，我们不能确定孔子是在什么时候说的，但这却是前述想法的最佳注脚：

> "人们所称道的，不在于富有与否，而在乎能有异于常人的德行。"齐景公有马千驷，身死之日，却没有懿德让百姓称道。伯夷、叔齐饿死于首阳山，百姓至今犹称道不已。不就是这个道理吗？

孔子在"未来"超越了所有与他同时代的权贵，凡不能知、不能用孔子的，在历史上其实都未能得到好的评价。颜回所谓"夫道既已大修而不用，是有国者之丑也。不容何病，不容然后见君子"（《史记·孔子世家》），成了后世历史裁判的盖棺论定。但是在"当世"的孔子，却深深陷入了"莫己知""莫能己用"的焦虑中。

孔子初至卫，击磬以言志，与担着草筐而过的隐者有这么一段对话：

> 孔子居卫时，一日击磬。有担着草筐的隐者路过孔氏之门，说："有深刻的用心啊！这个击磬的人！"接着又说："鄙陋啊！磬声硁硁然！没有人能知道自己，那就罢了。水深则以衣涉水，水浅则揭衣涉水。"孔子说："是吗？要是那样子做又有什么困难呢？"（参阅《论语·宪问篇第十四》）

朱子注："以衣涉水曰厉，摄衣涉水曰揭。""浅则揭"，喻居乱世，莫能己知，则洁身自好，独善其身可也。孔子和隐者的不同就在这里分野：隐者可以将不能操之在己的外在世界置而不论，甚至逃遁到世界之外，打造自我的纯粹天地；而孔子却是个无可救药的用世君子，"道"的实践是他的无上使命，无休无止，至死不悔。对孔子来说，"放弃"与外在世界的交涉，其实就是放弃了自我对"道"的许诺。"放弃"是再简单不过的事，而"坚持"才是"弘道"之人的天职。

孔子尽管坚定不移，但是"行道"有待"贾者"，椟中"美玉"未能有识者，怎能出椟而现其光华呢？既未能有识者，又怎能为识者所用呢？于是，"莫己知""人不知""不己知""莫我知""苟有用我者""如有用我者""莫能己用""焉能系而不食"这类的感叹，充斥在孔子的言语中：

子曰："学而时习之，不亦说乎？有朋自远方来，不亦乐乎？人不知而不愠，不亦君子乎？"《论语·学而篇第一》

子曰："不患人之不己知，患不知人也。"

《论语·学而篇第一》

子曰："不患无位，患所以立；不患莫己知，求为可知也。"《论语·里仁篇第四》

子曰："不患人之不己知，患其不能也。"

《论语·宪问篇第四》

子曰:"君子病无能焉,不病人之不己知也。"(《论语·卫灵公篇第十五》)

子曰:"苟有用我者。期月而已可也,三年有成。"(《论语·子路篇第十三》)

子曰:"君子疾没世而名不称焉。"(《论语·卫灵公篇第十五》)

"不为人知""莫能己用",始终是孔子一生,特别是后半生最大的焦虑所在。孔子虽然说:"人不知而不愠""不患人之不己知""不病人之不己知",但是,他恐怕没有那样洒脱。做不到洒脱,不是因为计较声闻,而是"为人知"是取得"行道"有利位置的第一步。

孔子在晚年答(子张问)何谓"达者"时,还特意区别"闻""达"的意思:

所谓"达者",本质正直而雅好道义,察言而观色,心存敬畏,不敢忤慢他人。

这样的人，在邦必达，在家必达。所谓"闻者"，貌似仁者而行为背道而驰，自己却居之不疑。这样的人，在邦必闻，在家必闻。(参阅《论语·颜渊篇第十二》)

他又分辨"小知"与"大受"的不同：

> 君子于小事未必可观，而才德足堪大任；小人难堪重任，却易于细事有所表现。

(参阅《论语·卫灵公篇第十五》)

显然孔子对于只可"小知"而不可"大受"的"闻者"，是有那么一点不平之气。

但是，有大智慧的人才是能"大知"、可以"大受"的"达者"，这似乎又注定了"达者"难"闻"难"知"，虽可"大受"，却无所"受"之宿命。

在晚年，孔子同样慨叹："莫我知也夫！"这时孔子才确定了自己在人间终究是"不为人知"的，要祈求"知己"，只有在天上的世界了。当他回答子贡的追问

时,说:

> 不怨天,不尤人,下学而上达。知我者,其天乎!（《论语·宪问篇第十四》）

孔子一生"不为人知""莫能己用",冉有、子贡、子路等先进从政弟子,却在孔子晚年时,在鲁国政坛举足轻重,受到当权者重用。这样的情况,又给孔子带来了更为不堪的晚景。

旷野的声音

六十三岁的孔子率同弟子，离开陈国向南行，希望能去到楚国，会见那位曾被他赞许为"知大道"的楚昭王。但是，当年吴侵陈，楚救陈，兵连祸结，陈、楚道上并不安宁，孔子一行人也因故困于陈、蔡之间。绝粮数日，几乎不得脱身，终于解危，却传来楚昭王的噩耗。希望无所寄托，孔子暂时歇止于楚国大夫叶公诸梁招致故蔡遗民的负函，与叶公从容论道。但是楚昭王既卒，楚国情势不明，孔子不久即返陈。"归与"之叹，应当就在此时。因此，孔子返陈不久，就北上适卫，等待归鲁的机缘。

这次的南行之旅，在孔子生命中具有关键的意义。自我放逐九年以来，尽管诸多挫败，一次又一次期待之后只是失望，孔子仍然斗志昂扬，不愿向时代和命运低头。但是南行归来，孔子变得有些消沉了，他开始想家了，也第一次说出要放弃飘零故国之外的追寻。

楚昭王的死让孔子满怀的热望顿时成空，当然对孔子是一大打击，毕竟，就目前所有资料看来，楚昭王是当世孔子唯一称赞过的国君。南行道上，孔子遇见了也许是故蔡遗民的隐者，几次对话都让孔子唏嘘不已，想必也对孔子的心境有着深切的牵引。

陈、楚之行，是孔子的希望之旅，绝粮于陈、蔡之间，虽是战事所累，却也预示着这趟旅行的多舛。在陈、蔡之间苍茫的旷野上，孔子师生对这些年来的追求与遭遇，曾有过深刻而有意味的对话。

吾道非邪？吾何为于此？《史记·孔子世家》

当孔子在生命中的最后五年，发现了这么一个残酷的事实，那些曾追随自己、共同度过艰困的流浪生涯的先进弟子，成了"今之从政者"后，竟也和过去所鄙视的"斗筲之人"一般，纷纷在长期坚守的"道"上退却了。他发现，自己所要对抗的，不只是世衰道微之下的昏君权臣，也不只是在"行道"的路上出现分歧的早年弟子兼同志，真正的敌人,恐怕是"自己心中那套理想的人间秩序(道),在现实的人间,是否有实践的可能性"这么一个最根本的问题。

刚离开陈国不远,也许还在陈国境内,孔子一行人受困绝粮,弟子多人因饥饿而病倒,孔子仍讲诵弦歌不辍。为了追求一个"行道"的梦想,众弟子追随夫子,百死不悔,但是,九年的奔波磨难,换来的就是这样的结局?子路愤怒地向孔子质疑:"我们抱持理想,孜孜行道,难道君子也会穷途末路吗?"孔子平静地答道:"君子虽穷,却能坚持理想,守死善道;小人若穷困,就不择手段,无所不为了。"孔子虽然揭示了"君子固穷"的立身之道,但是学生们的悲愤仍然难以平息。于是找来三个最得意的学生,问了同样的问题:

我们既不是犀牛,也不是猛虎,为什么不能安居,而要彷徨奔走在旷野中呢?

子路虽然平日好勇争强,这时却像个谦谦君子般,他说:

也许是因为我们还算不上仁者吧！所以别人仍信不过我们。也许我们还称不上智者，所以别人才不听从我们的道。

孔子微笑着说：

是吗？若说仁者必能取信于人，伯夷、叔齐的故事又从何说起呢？若说智者必能行其道，王子比干又何以死得如此悲惨呢？

机巧灵敏的子贡则说：

夫子的道太过高远，所以天下人无法兼容。何不稍稍贬抑，让一般人能够接受呢？

孔子不悦，说：

赐啊！纯熟农事的农人，只能尽力耕种，却不能担保丰收；能工巧匠可以制作精品，却不能顺乎所有人的品味。君子能修其道，但无法取悦所有人。今天你不讲求修道，却只想着怎样能取悦他人，你的志向怎么如此浅薄啊！

最后是箪食瓢饮、视富贵如浮云的颜渊，从容自信地说道：

夫子的道太高远，以致天下人不能兼容。虽然如此，夫子还是尽力去实践所信守的道，不能取悦天下，又有什么值得丧气的呢？不能取悦天下，这才得见君子的卓然出众。若果不能修道，是我的耻辱；如道已崇高，不能得到统治者的接纳而推行，那是统治者的耻辱。

孔子欣然笑道：

颜家的孩子啊！假使你富贵多财，我甘

心为你执鞭服事。(参阅《史记·孔子世家》)

"兕"是犀牛的一种,孔子一开始引《诗经》,将受困于陈国边境旷野中的师生一行人,比作在旷野中遁走的犀牛和猛虎,既然"匪兕匪虎",那么"率彼旷野"只是自己选择的命运。但是,难道是我们坚信的"道"错了吗?何以"信道"而矢志"弘道"的使徒,却要招致世人异样的眼光、轻鄙的对待、无情的冷落、残酷的打击?所信的"道",仿佛就是前方霭霭云气、朦胧暮色中的高山,却可望而不可即,重重的阻碍横亘在通往巅峰的路途上。终

图4 兕

孔子说到犀牛,用的是"兕"这个字。"兕"是犀牛的一种,角如弯刀,俯首怒目,四肢奔张。汉代的墓葬中常见"兕"的画像,取其凶猛善守墓圹之意。

致"道"的行者,也不免要怀疑,自己所坚信的,是不是就是真理的大山,或者,眼前的峰峦,是不是只是幻惑人眼的海市蜃楼?

"道"与"真实世界"

子路感到疑惑了:也许我们所誓言的"道",并非真理的本尊;又或许我们自身仍修"道"未笃,否则,世界怎会与我们越发遥远呢?

子贡倒不曾怀疑"道"的真确,也不怀疑修"道"君子的功夫,但是他务实地认知了世界的非理性:因此,我心所守的"道"和我身所处的世界,就存在了无可回避的断裂。面对这样的断裂,子贡认为,必须搭起一座桥梁,让纯粹的真理(道)和"真实世界"能在当中相会。当然,这样的桥梁,在笃守"道"的纯粹完美的使徒眼中,却是一种堕落与沉沦。

颜回对"道"与世界的认知,与子贡无异。但是,面对这样的断裂,他却表现了不同的姿态。颜回站在真理(道)的高度,对尘世的扭曲,投之以轻蔑的目光。子贡式的桥梁，颜回是不加考虑的。从某种角度来说，颜回耽溺在概念构筑的理想天地中，他用一种冷峻而傲然的姿态面对世界。因此，他可以宣称"不容，然后见君子"。如果能被这扭曲的世界接受，岂不表明自己也不可避免地被扭曲了。

孔子微笑地开导憨直的子路，怒斥子贡的沉沦，而赞叹颜回的泰然自信。其实，孔子和三位弟子都不同，也因此，他面对"道不行"的困境时，所承受的痛苦也最深。

如果否定自己对"道"的认知，承认自己"修道"不笃，那么，现在的失败再惨痛，都是可以解释，也可以挽救的。因为只要能找到"真正的道"，就可以行之于天地了。"真正的道"与"真实的世界"之间，并不存在着不可解的矛盾。子路可以这么说，但是，自述"三十而立，四十而不惑"的孔子，对自己所信守的"道"，从来没有怀疑。"道"之不行，不是因为它是赝品，而是它在现实世界中"就是"不可行。于是，所信益深，自视愈高，伴随的紧张与焦虑也就愈甚。因为"信道"的使徒，必须正视自己"徒劳无功"的必然结局。

如果能肯定所信之"道"的不容置疑，也认识到

"道"与"真实世界"之间存在的断裂,那他或许就愿意在两者之间寻求接轨的可能。换言之,正视了"道"在世界中绝无百分之百实践的可能,因此,放弃对"道"的纯粹完美之坚持,而以现实世界中的最大可能为合理的追求标的。子贡可以这么说,但是,孔子尽管说自己"无可无不可""小德出入可也",叹"行道"的同志"可与立,未可与权",但是,"道"的纯粹完美之不可出入,显然是他自己所说的"大德"不能"逾矩"。因此,孔子非但不能接受子贡的态度,还疾言厉色地指斥其非。

如果对"道"的真确、对自己的"修道"信之不疑,虽然也知晓"道"与"真实世界"的不兼容,但是,只问自我的修养功夫,只问自我的实现是否完美,对"行道"的"结果",能淡然视之,不过于执着,那么,"道"的陨落是"真实世界"的问题,而不是"信道""修道""守道""行道"者的责任。于是,对"道"的不可实践的焦虑,也不致让自己的心紧揪。颜回如此对待行者的命运,孔子慨然称许,但是,他自己却绝非那样的洒脱自在。

在三段意味深长的对话中,我们看到的除了三位弟子不同的处世之姿,更在孔子表面的处之泰然(危难中弦歌不辍)中，看到他内心最深沉的焦虑与紧张。孔子和子贡的分歧，终于在晚年居鲁时，因孔子和从政弟子的矛盾而被揭开；颜回的"不以为意"，也成为勘破孔子内心两个世界奥秘的入口。

逝者如斯夫，不舍昼夜。（《论语·子罕篇第九》）

在孔子与弟子的对答中，尽管师生四人各以不同的姿势面对世界，但是在孔子与颜回师生的相顾一笑中，更揭示了这样的奥秘：世界的不完美，扭曲了一切改造世界的努力。这个不完美的世界也许永远不可能完善，但是知其不可而为，却可以完善一个人的人格与人生境界。一个人不可能去把握世界，却可以把握自己，也只能把握自己。孔子"知其不可而为"的生命情调，必须由此体会。隐者"辟（避）世"，而孔子与颜回"入世"，但是，颜回有"入世"的使命，也有"出世"的情怀，这让他远离了"真诚的行道者"焦虑的宿命。

子贡说："夫子的道理太过高远，所以天下人无法兼容。何不稍稍贬抑，让一般人能够接受呢？"这其实和后来冉有在面对夫子责难时,所说的"力不足",只是从不同角度来说同一件事。说得具体一些,就是孔子所信守之道,在当时已如滔滔东逝水,一去不返,在现实中几乎没有实践的条件与机会。

孔子所追求的,是重建理想的封建秩序。当然孔子所说的封建礼乐,正如同当时诸贤君子晏婴、叔向等向往的,是为旧礼制注入新精神之后的"旧邦新命"。但是当孔子之时,周天子式微,由诸侯霸政建立的诸夏城邦联盟的新秩序已近两百年;臣弑其君,悖乱礼制,陪臣执国命,也有百年之久。封建秩序从外到内,从上到下,从制度到精神,几乎无一不坏。这时要再恢复封建礼乐的盛世景象,恐怕只能寄希望于远离现实的、想象的理想世界中了。

晚年居鲁时,尽管子路与孔子在许多政治实务上观点不同,但是,孔子对子路能不背离"道"的大方向,应当还是有信心的。子路曾与冉有、子贡一样,在鲁国政坛上扮演着重要的角色,后来却与季康子不和,去鲁适卫,仕于卫大夫孔悝。《论语·宪问篇第十四》讲述了公伯寮愬(诉)子路于季孙之事,透露了子路与季氏的不和。子服景伯告诉孔子这件事,愤愤地说,季孙已受到公伯寮的蛊惑，但是要将公伯寮宰了，我还做得到。孔子却幽幽地说："道之将行也与？命也。道之将废也与？命也。公伯寮其如命何！"孔子虽然说"道"之兴废自有天命，不可能受公伯寮个人左右。但是在说这话时，孔子对"道之将行"显然不再像以往那么坚信不疑了，"道之将废"，虽然残酷，却是不能不接受的现实。

当孔子伫立在黄河边上，滔滔逝水带给他的启示，除了年华老去，"岁不我与"的急迫，是不是还告诉孔子，他梦想中的理想世界，在历史的大河中，也如同奔腾不已的浪潮般，一去不能复返？如果历史如同大河东去，不可能回头，他所笃信的"道"，是否只能留在历史中，成为后人翻阅的记录？也许更大的问题在于：当河水曲折蜿蜒，在那柳暗花明之处，"道"是不是永恒而真实，并可能成了可质疑的对象？

至少孔子是不怀疑的。在孔子看来，"道"的真理性是普遍而永恒的，是"放诸四海皆准，垂诸百代不惑"。但是，挟泥沙而俱下的滔滔巨浪，除了洗刷那已成过往的美好世代，也似阻绝了通往"道"的路途。哪里才是渡河的津口呢？孔子也许曾在黄河边上发出过这样的疑问。

问

津

天下有道，丘不与易也。（《论语·微子篇第十八》）

由于鲁哀公六年（公元前489年）吴侵陈，楚救陈，孔子在战乱中困于陈、蔡之间，也因而有了与子路、子贡、颜渊那段极富兴味、关于"匪兕匪虎，率彼旷野"的对话。脱困后，孔子第一次到了南方故蔡旧地。一般认为，孔子往南行，是因为对楚昭王有所期待。自公元前七世纪开始，楚国的势力逐渐深入中原，陈、蔡、郑、宋、鲁、卫等诸夏城邦备受侵扰，依违于晋、楚，两大之间难为小。尤其是国境偏南的陈、蔡，首当其冲，更早被笼罩在楚国势力范围之中。孔子南来之年，蔡国在长年战乱后，早经亡国之痛。因此，《论语》记录与孔子对话的隐者，学者往往以为即故蔡遗民。其中三段故事，都出于

《论语·微子篇第十八》：

楚国狂者接舆唱着歌从孔子的车旁经过："凤啊！凤啊！何以德行如此衰败？往者不可谏，来者犹可追。算了吧！算了吧！当今的从政者都无可寄望啊！"孔子下车，想和他说话。接舆却疾走回避，孔子无法和他说上话。

长沮、桀溺一起在田里耕作。孔子一行人路过，子路前去询问渡口。长沮问："那乘车的是谁？"子路道："是孔丘。"又问："是鲁国的孔丘吗？"答道："是的。"长沮道："那他该知道渡口在哪里。"又问于桀溺，桀溺问："您是哪位？"道："我是仲由。"又问："是鲁国孔丘的学生吗？"回道："是的。"桀溺又道："举世滔滔，谁能改变得了呢？与其跟从避人的君子，倒不如跟从避世的君子啊！"两人耕作不止。子路回去禀告孔子，孔子怅然，道："鸟兽不可与同群，这样的高洁君子才是我应该结交的啊！但是若天下有道，我又何必与你们一起来改革呢？"

子路跟从孔子而落在后头，遇一以杖荷着竹编农具的老者。子路问："您见到夫子了吗？"老者说："四体不勤，五谷不分。谁是你的夫子？"说完，竖起木杖而开始除草。子路拱手而立。老者留宿子路，杀鸡做饭来招待，并引见他的两个儿子。第二天，子路赶上孔子且告知此事。孔子说："这是个隐者。"派子路返回再去见老者。回到老者居所，却已不知所终。子路说："不出仕以行道，有违义理；长幼之节，不可偏废也；君臣之义，如何能废弃不顾呢？想要洁身自好，却因此而废乱重大伦常。君子出仕，为的是能行其义。'道'不能行，是早就知道的事啊！"

接舆说:"已而,已而!今之从政者殆而!"孔子对当权的统治者,自然有着最深刻的认识。在这样的现实下,接舆选择的立身态度是"算了吧,算了吧"。孔子终日与当朝权贵接触,但是,真正能和孔子进行心灵对话的,大概只有那些避世的隐者。就像子路转告长沮、桀溺的一番话时,孔子所说的"鸟兽不可与同群,吾非斯人之徒与而谁与"。然而,当孔子下车,想和接舆说些话时,接舆却疾走趋避,不愿与孔子交谈。孔子心中的怅然,可想而知。

孔子心中敬重隐者,但是他与隐者的生命既不同调,也就难相与左右了。孔子说:"天下有道,丘不与易也。"仿佛是对隐者申述:不是我不愿从那滔滔浊流中抽身而出,如果天下有道,河清海晏,我何必努力改造世界呢?世道混浊是孔子和隐者共同的认识,如何面对衰乱的世道才是孔子与隐者分途的差异节点。

"问津"的隐喻,更是把孔子奋斗一生,理想终究成空,流浪于列国之间,所遇不合,前路茫茫的心情表露无遗。其实,通往理想世界的津渡,孔子早已了然于心,但是那只存在于想象的世界,在现实世界中,他就像《桃花源记》中的武陵人,再也找不到那条落英缤纷的小径。

图5 《高贤遇隐图》

此图为清代画家笔下的《高贤遇隐图》。老翁戴笠耘草,士人揖手问礼。孔子使子路会见隐者,大致如此。

《论语·宪问篇第十四》记下了子路与另一位隐者的对话："子路宿于石门。晨门（清晨守门启关者）曰：'奚自？'子路曰：'自孔氏。'曰：'是知其不可而为之者与？'""知其不可而为"这样一句最足以传达孔子精神、为孔子的生命情调定位的话语，竟是出自监门的隐者。而子路对荷蓧丈人说："君子之仕，行其义也。道之不行，已知之矣。"此话是深契孔子的心意的。客观的外在世界与人主观的内在世界在此分野。隐者"辟世"而独善其身，孔子却"入世"而寻求自我的完成。如果可以重写孔子的墓志铭的话，也许可以写上这么一句话："这里面埋葬的是一个一生都不合时宜，却又坚定地与他的时代搏斗的人。"但是，孔子面对现实世界的扭曲，又必须毫不回避地迎向前去战斗，继而是一次又一次的徒劳无功，内心深处的焦虑、紧张与寂寞是难以言喻的。当孔子看到那些隐者的"洒脱"时，尽管他坚定如往昔，不免也要"怃然"而叹。这时，孔子会想起知命之年时，曾点所说"莫（暮）春者，春服既成。冠者五六人，童子六七人，浴乎沂，风乎舞雩，咏而归"《论语·先进篇第十一》那样的欣然自得吗？还是当他注视着与他情逾父子的颜渊时，心中不免兴起"虽不能至，然心向往之"的心情？

道不行，乘桴浮于海。（《论语·公冶长篇第五》）

其实我们很难确切地说，是因为南方故蔡遗民多有"辟世"之心，因此孔子在南行的过程中多遇隐者；还是孔子此时的心境，(六十三岁，历经风霜的老人)特别容易对隐者的言语兴起感应。究竟是孔子南行，与隐者的几度相会，给孔子"用世"的热情泼下冷水？还是孔子在一生挫败之后，对"道之将行"早已失去往昔的天真信念？

也许上述两种不同面向的观察都是事实的一部分吧！隐者的出现，并非孔子的生命中无足轻重的插曲，而是借以映照出孔子更清晰的容貌。暮年的孔子曾经回顾自己的一生，说："六十而耳顺。"鲁哀公三年(公元前492年)，孔子六十岁，彼时他离开卫国南下，居于陈国不久。在卫国不愉快的经验，让他想通了，不必为了"斗筲之人"的言语牵动心念、情绪。但是，隐者的话，像是戳破了他一直自我鼓舞的假象，告诉他"道之不行"的残酷事实，孔子像是饱满的气球，倏地消了气一般，不再像过往一样意气风发。

隐者的身份有"荷蒉者""晨门""接舆""耦耕者""荷蓧丈人",他们皆隐身于社会中微不足道的角落边缘,而且往往与孔子擦身而过,即不知所终。孔子则努力追求在政治上的重要位阶,取得"行道"的必要资源。隐者"苟全性命于乱世,不求闻达于诸侯",但是对以"拨乱世,返之正"为一生志业的孔子来说,"闻达于诸侯"却是不能跳过的途径。也因此,孔子必须不断地和自己看不起的人打交道,甚至有时要受到羞辱。可以说,孔子选择了一条难为自己的路,却又注定走不到终点。明知走不到终点,却又不能放弃,因为,"走在这条路上"本身,就是意义与价值的来源,能不能完成这趟长路漫漫、无休无止的旅行,倒不见得是唯一的价值。

但是,再执着的人,终究要在山穷水尽时,承认自己无法到达心中的天堂。日暮途穷,能不放声大哭,伤悲自己终不能与时代气运对抗?

《论语·公冶长篇第五》中,孔子说:"'道'不能行于天下,不如搭乘舟筏,浮于大海,另寻新天地,仲由啊!你会跟着我走天涯吧?"率直的子路听了,竟喜形于色,准备和他最敬爱的老师远离这个扰攘不安的世界，归隐海外。孔子终究还是个固执的入世实践家，他又好气又好笑地回道："仲由啊！你的勇气胜于我，但我还不知到哪儿找制作舟船的材料呢！"

《论语·子罕篇第九》也记载了这么一件事：

> 孔子想要移居九夷之地。有人说："那边如此鄙陋，该怎么办呢？"孔子说："君子居住在那里，怎能说是鄙陋呢？"

曾经说过"夷狄之有君，不如诸夏之亡也"（《论语·八佾篇第三》）的孔子，居然要移居"九夷"了？当然，我们知道孔子一生从未到过任何非华夏的邦国，"居九夷"云云，悲愤之余的意气之语成分居多。当现实世界的津渡难寻，孔子只好诉诸"另一个世界"。想象一个不为人知的世界，那应该是在我们所熟知的华夏世界之外，应当是在神秘的海上仙山。"另一个世界"既然不在现实之中，那便可以虚构一切的可能，可以依自己的意志打造一个完美的境地。

但是，这样的世界在哪里呢？子路莽莽撞撞地准备随夫子成行，孔子却说破了这个世界的虚构性。"无所取材"，不是指造船的材料，而是指打造另外一个世界的原料。

历史的兴味正在，当我在书写两千五百年前孔子那曲折离奇的际遇时，仿佛自己也伴随着孔子如咒如虎地奔走于河、淮之间的旷野；当我看到孔子说"乘桴浮于海"时，却再自然不过地浮现出一世纪以来民族离散的花果飘零；当我将写到孔子晚年，他的先进弟子从政后，在理想与事功之间的徘徊时，眼前出现的却是古往今来改朝换代的过程中，种种奇幻吊诡的新气象与权力悲喜剧（或是闹剧）。在历史的书写者与历史人物恒久不停地对话当中，有时，我们会迫不及待地告诉历史人物，我们的后见之明；有时，却是历史人物用他们的故事，告诉我们未来要面对的事情。

最后的挫败

陈成子弑简公。孔子沐浴而朝，告于哀公曰："陈恒弑其君，请讨之。" 《论语·宪问篇第十四》

鲁哀公十四年（公元前481年）夏四月，齐国大夫陈恒执齐简公于舒州，六月甲午弑之。年高七十、垂垂老矣的孔子闻讯，斋戒沐浴而后朝见鲁君，请求鲁君出兵声讨陈恒。鲁君为难地表示，齐、鲁两国强弱悬殊，怎好贸然兴兵？孔子则以为陈恒弑君，无法得到齐人的支持。以鲁国之众，再加上齐国反陈恒的半数人民，其事可成。鲁君无法说服这位德高望重又固执的老先生，只好推托说，那你去问问执掌国政的季孙（季康子）、孟孙和叔孙二氏的意思吧！孔子又去找了三家大夫，却得不到任何支持。孔子无奈地说：因为我曾经当过大夫，不能不善尽职责，但国君与执政大夫不从，则非我力所能及！

陈恒弑简公其实已经是八年来齐国发生的第三桩"臣弑其君"事件了。鲁哀公六年(公元前489年)陈乞(陈恒之父陈僖子)废安孺子荼而立公子阳生(齐悼公)，阳生即位使人杀其幼弟荼。鲁哀公十年(公元前485年)，齐悼公亦为臣下所弑，弑悼公者疑即陈恒(有多种说法)。齐悼公卒而公子壬(即齐简公)立，四年后，又因其宠臣子我与权臣陈恒之斗争，陈恒发动政变，杀齐简公，立其弟骜(齐平公)，陈氏专政，遂成不可当之势。(参阅《左传》《史记·齐太公世家》《史记·田敬仲完世家》)

鲁哀公五年(公元前490年)，齐景公在位长达五十八年后病故，使国惠子、高昭子立其幼子荼，并置群公子于莱以防继嗣生变。景公卒，诸公子分别奔亡于鲁、卫二国。其中公子阳生流亡在鲁，还成了季康子的妹婿。阳生为后来的齐悼公，其子壬亦同行居鲁。鲁哀公六年(公元前489年)陈乞发动政变，逐国、高二氏，召公子阳生返国而立之。阳生立为国君后，命大夫朱毛杀其幼弟安孺子荼。

《左传·哀公十年》云："齐人弑悼公。"司马迁以为弑齐悼公者为鲍牧，然据《左传》记载，鲍牧两年前即为齐悼公所杀；《晏子春秋·谏上》则言田氏杀阳生。因此，弑齐悼公者疑为陈乞之子陈恒（陈乞先于该年卒），而绝非鲍牧。

八年之内，臣弑其君者三，其中陈氏专齐国之政，势凌齐君，废立无常，在一生致力重建封建秩序的孔子看来，是可忍孰不可忍。《左传》中说孔子除了"三日斋"那般郑重其事，还"请伐齐三"。"三请"更深刻地说明孔子对此事期待之殷切。但是，孔子的期盼终究又落空了。在体制上，孔子唯有向国君提出建言，而鲁君空有国君虚名，政在三桓；三桓本身即是权臣，违礼悖制，与陈恒相类，如一丘之貉。鲁君与三桓不能接受，孔子纵然失望，大概也不太意外。但是孔子的从政弟子也不支持他，或许这才是让孔子最痛心的事。

孔子的学生孟懿子卒于这年八月。"告夫三子"中的孟孙氏，六月时还是孟懿子当家吗？不确定。从《左传·哀公十四年》所载成宰公孙宿和孟武伯（彘，懿子之子）的冲突来看，似乎此时已是孟武伯主导孟孙氏了。即使孟懿子还在当家，他在堕三都时都不支持夫子，这时会同意孔子的主张的可能性也不高。

天或者以陈氏为斧斤，既斫丧公室，而他人有之，不可知也；其使终飨之，亦不可知也。（《左传·哀公十五年》）

关于孔子对陈恒弑简公请鲁君讨伐之事，最直接的文献当然是《论语·宪问篇第十四》和《左传·哀公十四年》中的记载。这两段资料只提及孔子与鲁君、三桓的应对，而孔子弟子们的态度似乎并不明确。也因此，后世儒者乃有"惜乎！不能借子路、冉有之力完成讨伐陈恒大业"之憾，如清儒顾栋高云：

> 鲁国的兵权在三家大夫手中，而三家大夫的兵权在家臣。观阳货、弗扰尚且能以其众畔（季氏），难道冉求、季路独独不可出兵以讨贼呢？孔子能使仲由、冉求堕费堕郈，而三家大夫靡然听从，那么若当日孔子奉鲁君之命，命家臣出其兵卒，而三家大夫哪敢违逆旨意呢？假使能得到哀公听许，委任夫子以兵权，尽出鲁国的甲兵，使家臣率领。这时子路虽仕于卫而冉有仍在鲁，加以

樊迟、有若(有子)都是勇锐之士，移檄远近，声罪致讨，我想四邻诸侯必有闻风响应者，而齐国甲士将倒戈来迎。纵然不能枭陈恒之首，也当能诛杀当日亲手格杀齐君的凶手，且更定齐国继嗣。如此，则国威可振，周道可兴。这哪里只是不可能实现的空言呢！《春秋大事表·孔子请讨陈恒论》》

在顾栋高看来，孔子的主张是可以实现的，只差那临门一脚，并非蹈空之论。似乎只要鲁君接受孔子的建议，便可以跳过三家大夫，直接仰仗孔子弟子的力量，以成伟业。

姑且不论孔子才在两年前(哀公十二年，公元前483年)因为冉有协助季康子推动"用田赋"，以为季氏已僭鲁君，冉有犹"为之聚敛而附益之"，愤而与冉有断绝师生关系，激动地说："非吾徒也，小子鸣鼓而攻之可也。"《论语·先进篇第十一》在可见的文献中，孔子对学生的批评，大概没有比这更严厉的了。冉有是否可能支持老师的主张，文献无证，但是要说绝无异议，则未免太过乐观。

子路这时在不在鲁国呢?其实不是很清楚。孔子于哀公十一年(公元前484年)归鲁,子路当在此时随孔子返鲁而任季康子家臣。哀公十四年(公元前481年)春,小邾大夫射以其邑句绎奔鲁,要求除非是子路来谈判,否则不与鲁盟约。季康子使冉有游说子路同意与盟,子路坚拒,对曰:

> 鲁国如果与小邾国作战,我不敢询问缘由,就是战死在城下也在所不辞。他不尽臣道,您却实现他所说的话,将道义归到他的身上,这我可做不到。(参阅《左传·哀公十四年》)

当时子路应当还在鲁国。但是第二年秋,陈恒的兄长陈瓘出使卫国时,子路即在卫国与之会面。当年闰十二月,子路赴其主君孔悝之难,卒于卫国国君父子相残的夺位政变之中。《左传·哀公十五年》那么,哀公十四年六月陈恒弑齐简公时,子路在鲁?在卫?恐怕还有待考证。

子路在卫会见陈瓘时说:

> 上天或许是用陈氏作为斧子,斫丧公室

之后，又为他人所有，犹未可知；也可能让陈氏终究享有，也未可知。若是善待鲁国以等待时机，不也是可以吗？何必与鲁国交恶呢？

陈瓘表示：

> 是啊！我敬受命，您派人去告诉我弟弟吧！（《左传·哀公十五年》）

子路虽已去鲁而仕于卫，仍心念父母之国，然而他对陈氏弑君废立之事，却不以道德或礼制立场有所批判。子路其实是看清了当时的政治形势，齐国大权落在陈氏手中，而陈氏在齐国经营既久，根深蒂固，尽管君臣之大节有亏，但是大致能掌握大局，难以撼动。因此务实地来看，能在齐国政权交替，急需寻求各国支持的时刻，为鲁国争得多一点的筹码，恐怕才是更重要的。讨伐逆臣，即使在与孔子最亲近的子路看来，大概既非当务之急，也是不切实际的。

前文曾提及，鲁昭公三十二年(公元前510年)，鲁昭公在流亡八年后，卒于乾侯。晋大夫赵简子问史墨：

> 季氏大夫驱逐主君，而人民顺服，诸侯友善对待，国君死于境外，却没有人怪罪于他，这是为什么呢？

史墨以为：

> 天生季氏，与鲁侯并立如同两君，已经有很长的时日了。人民顺服季氏，岂非理所当然！鲁君世代失政，季氏世代勤政，人民早就遗忘了国君。虽然死于国境之外，又有谁会矜怜他呢？社稷没有永远不变的祭祀者，君臣没有永远不变的地位，自古以来就是如此。所以《诗经》说："高岸为谷，深谷为陵。"……鲁文公逝世，东门遂杀嫡立庶，鲁君在这时就失去了国政，权力落到季氏手上，到了这位国君已经是第四代了。百姓心里没有国

君,国君又怎么能得到国政?《左传·昭公三十二年》

史墨的评论是否合乎鲁国的现实,也许还有待更多的资料支持。但是以陈氏在齐的情况来看,早在昭公三年(公元前539年)晏婴出使晋国,答复晋大夫叔向问起齐国局势时便说:

> 这是末世景象,我不得不说齐国可能要归于陈氏了。国君弃绝他的百姓,他们自然归附陈氏。齐国过去有四种量器:豆、区、釜、钟。四升为一豆,从升、豆、区到釜,后者是前者的四倍。十釜就是一钟。陈氏的豆、区、釜三种量器,都加大四分之一,钟的容量就大了。他用私家的大量器借出,而用公家的小量器收回。山上的木料,在市场上的价格不高于山上;鱼、盐、蜃、蛤,价格不高于海边。百姓的力量如果分成三份,其中两份贡献给国君,只剩一份维持自己的衣食所需。国君的蓄藏朽坏生虫,而

国中的老人却挨饿受冻。国都的市场上，鞋子不值钱而义肢昂贵（喻刑罚严酷，受刑者众）。百姓有痛苦疾病，陈氏就厚加赏赐，他爱护百姓如同父母一般，而百姓归附他也就如同流水，不可遏止。(参阅《左传·昭公三年》)

二十三年后，齐景公与晏婴坐于路寝（古代天子、诸侯的正厅），有感于路寝之壮美，以为有德者居之。晏婴则对曰：

> 如主君所说，恐怕路寝要归于陈氏吧？陈氏虽然没有伟大的德行，但是对百姓有所施舍。豆、区、釜、钟这几种量器，容积有大有小，从公田征税就用小的，施舍给百姓就用大的。国君征敛繁多，陈氏施舍博厚，百姓自然归附他了。《诗经》曰："虽然没有德泽于你，也应当且歌且舞。"陈氏的施舍，百姓已经为之歌舞了。您的后代如果稍稍怠惰，陈氏如果又不亡，那么国家就将成为他的了。(参阅《左传·昭公二十六年》)

接着晏婴对齐景公说了一套"君令而不违，臣共而不贰"的治国大道。《左传·昭公二十六年》约略在齐景公与晏婴这段对话前后，孔子因鲁国三家大夫逐鲁昭公之乱，避居齐国，也曾在答齐景公问政时说："君君、臣臣、父父、子子。"齐国的问题，当世贤者都很清楚。晏婴甚至早在陈恒弑简公之前五十八年，即预见陈氏代齐的终局。齐君聚敛，陈氏厚施，民心归于陈氏久矣。因此，孔子所谓的"陈恒弑其君，民之不与者半。以鲁之众，加齐之半，可克也"，是否合乎齐国现实的判断，恐怕也还有待商榷。

在陈恒弑君之后不久，哀公十四年（公元前481年）八月，孟氏家臣公孙宿叛，以邑奔于齐。第二年冬，鲁大夫子服景伯出使齐国，子贡为介。陈恒接待时表示与鲁国修好之意。子贡则历数齐国过去不公平对待卫、鲁二国的事例：

> 从前晋国攻打卫国，齐国为了卫国，攻打晋国的冠氏，丧失了五百辆战车。（齐国不顾自己的损失，还）因此赠予卫国土地，自济水以西，禚、媚、杏以南，共五百个聚落。吴国侵扰我国时，齐国却趁着我国的困窘，夺取了谨

与阐两地,寡君因此感到寒心。如果能像卫君那样侍奉齐君,我国就满足了。

陈恒无言以对,又值初弑君不久,需要各诸侯的外交支持,其兄陈瓘出访楚、卫,自是为了巩固邦谊。此时既欲与鲁修好,只好退让,归成于鲁。(参阅《左传·哀公十五年》)

图6 先师孔子行教像

此图乃是唐吴道子作,后世崇敬孔子为至圣先师的形象大抵如此。

子贡显然也是在承认陈恒已是齐国当前的实质统治者的政治现实下,运用外交谋略为鲁国争取最大的利益。尽管子贡和子路在孔子请求伐齐时的态度,史料不足为凭,但如果说因为他们是孔子的学生,理所当然会支持孔子的主张,恐怕是有问题的。

图7 《孝经图》(局部)

南宋画师所绘《孝经图》,讲述的是历代节孝故事。此图只是其中一段,应为讲学授业图,也有人认为描绘的是孔子向门人授课的情景。

同时,哀公所谓"鲁为齐弱久矣",亦非推托之辞。哀公十年(公元前485年)鲁国助吴国伐齐,因齐悼公被弑,吴国还师。第二年春,齐国报复,国、高二氏率师伐鲁。季康子在冉有的运筹帷幄下,打了场漂亮的胜仗。五月,又会吴师伐齐，大败齐师。一年之内两败齐师，鲁国上下并无矜夸之色，反倒更戒慎恐惧。

> 秋天，季孙命令修整战备，说："小国战胜大国，这是祸患，齐国的报复没有几天就会来到。"（参阅《左传·哀公十一年》）

理想与事功

若纯就一个历史中、想象中的封建秩序理想来看，陈恒弑君当然必须受到制裁。但是真实世界却往往已远离那一个只存在于"记忆"中的理想世界，这时候该怎么办？是要不打折扣，百分之百地打破现实，再造理想？还是在现实的基础上寻求理想的最大实践可能？理想，还是事功？恐怕是纠结在孔子一生当中，难以解开的最大困惑与最艰难的抉择。

鲁哀公六年（公元前489年），孔子六十三岁，楚昭王卒于城父，孔子在周游列国时，最后一个可期待的君王也落空了。孔子自蔡返陈，曰："归与！归与！吾党之小子狂简，斐然成章，不知所以裁之。"《论语·公冶长篇第五》）同年返卫，在卫国度过了十四年流浪生活的最后五年。其实在这时，孔子已经几乎放弃了在列国得志行道的可能，六十三岁的孔子，似乎也倦了、疲惫了。大约在孔子返卫这些年，子贡、冉有已先后返鲁出仕，得到重用。哀公十一年（公元前484年）孔子返鲁，孔门弟子在鲁国大放光彩。不只是冉有、子路、子贡三人在鲁国政坛举足轻重，执政大夫季康子对冉有更是言听计从；除此之外，公西华出使齐国、冉雍为季氏宰，后辈弟子如子游为武城宰、子夏为莒父宰、有若与哀公论政，甚至后来曾子弟子阳肤被孟氏任用为士师。照说孔子当是否极泰来，到了晚年，终于守得云开见青天，有了行道的大好良机。但是，孔子的这些从政弟子，除了初仕的后进弟子如子游、子夏，仍谨守夫子教诲，推行礼乐教化，孔子与先进弟子间的分歧却日益深化。

非不说子之道，力不足也

陈力就列，不能者止。（《论语·季氏篇第十六》）

哀公十一年（公元前484年），孔子初返鲁，即与冉有因"用田赋"之事起了第一次冲突：

> 季孙想要按田亩征调军赋，派冉有去请教孔子。孔子说："这我不懂。"冉有问了三次，最后说："您是国家元老，国家大政等着您的意见来施行，为什么您不说呢？"孔子还是不做公开答复，而私下对冉有说："君子的施政，要根据礼来衡量。施舍要力求丰厚、事情要做得适中、征敛要尽量微薄，如果这样，那么按丘（十六井为一丘）征赋也就够了。如果

不根据礼来衡量,而贪欲无法满足,那么就算是按亩征赋,终究还是不够。而且季孙如果要行事合于法度,那么周公的典章不就在那里吗?如果要任意行事,又来问我做什么呢!"季孙不听。(参阅《左传·哀公十一年》)

孔子此时还私下和冉有抱怨季康子,显然他的不满,还止于执政的季氏。但是当第二年这项政策推动,孔子发现冉有居然为季氏效力,"为虎作伥",便止不住愤怒地要门人对冉有"鸣鼓而攻之"了。

这件事《国语·鲁语下》是这么写的:

> 季康子想要按亩征调军赋,派冉有征求孔子的意见。孔子不作正式答复,私下对冉有说:"求,你来!你不曾听说吗?先王制定土地肥瘠的差别,借助农民劳力耕作,又因土地远近而调整征税;商贾居住的里廛,度量其财业之有无来征赋;以各家男丁数目来征徭役,而免除老人和幼童的力役。鳏夫、

寡妇、孤儿、病患，有军旅之事才征赋，平时免除征赋。有军旅之岁，每一井田地，征收六百四十斛禾、二百四十斗刍、十六斗米，绝不超过。先王觉得这样足够了。如果季孙想要办事合于法度，那么周公的典籍就在那里；如果想要违反法度，就随意去做吧，又征求什么意见呢？"

这段资料对"用田赋"的实质内容作了较清楚的陈述。要言之，鲁国此时的"用田赋"，要放在春秋时期的"扩大征兵"脉络下来理解。僖公十五年（公元前645年），晋国"作州兵"；成公元年（公元前590年），鲁国"作丘甲"；昭公四年（公元前538年），郑国"作丘赋"；哀公十二年（公元前483年），鲁国的"用田赋"，其实都是重新征用原来不用当兵的余子和原来没有当兵权利的野人。征余子于先，征野人于后，但后来二者也逐渐合流了。公元前482年的"用田赋""则全农皆兵，不复有正夫、余子之别，也没有国野的区分"。

又一次，季氏想攻伐鲁国境内小国颛臾，冉有、子路一同去见孔子，说起这件事：

季氏即将攻打附庸小国颛臾。冉有、子路见到孔子，说："季氏将要发动对颛臾的战事。"孔子说："求！这难道不是你的过错吗？颛臾，是过去先王封国于东蒙山下，令其主持东蒙的祭祀的。而且它在鲁国国境之中，是鲁国的社稷之臣。为什么要攻打它呢？"冉有说："是季氏大夫的意思，我和仲由都不想啊！"孔子说："求！周任曾经说过，'陈其才力，度己所任，以就其位，不能则止'。瞽者危颠而不扶持，那还要相者做什么呢？而且你的话说得不对。虎兕从柙槛中跑出来，龟玉在木盒中毁坏，那是谁的过错呢？"冉有说："颛臾城防坚固且近于费邑。现在不攻取，必然成为后世子孙的祸患。"孔子说："求！君子怕的是不愿承认自己的贪欲，而必强词粉饰。丘听说有国有家的统治者，不忧心人口寡少，忧心的是施政不能均平；不担心贫困，而担心不能安民。均则不患于贫而和，和则不患于寡而安，安则不相猜忌，而无倾覆之患。像这样，所以如果远方的人不服，则修饬文德以招徕；既来之，则安之。现在，由和求啊，佐助大夫，远方的人不服而不能招徕；邦国分崩离析而不能守成，却图谋动干戈于邦国之内。我恐怕季孙之忧患，不在颛臾，而在萧墙之内啊！"（参阅《论语·季氏篇第十六》）

在这件事上，孔子对冉有可谓疾言厉色了。冉有先是表示并不同意季氏欲伐颛臾之举，后来才又明白表态，其实他是支持攻取颛臾的。在这段资料中，子路没开口，但孔子后来的批评是"由与求也"，子路也在内，可见子路原来的想法与冉有大致相近。又一次：

季氏于泰山旅祭（陪臣祭国内名山大川，僭礼）。孔子对冉有说："你不能阻止这事吗？"冉有回答："不能。"孔子说："呜呼！难道说泰山之神，还不如林放（懂得什么是礼的根本）吗？"

（参阅《论语·八佾篇第三》）

在这段对话中，两人道不同不相为谋的味道已经很浓厚了。季氏僭鲁君，欲旅祭于泰山，孔子责其违制，要求冉有劝阻这件事，冉有却不再多作解释，只是淡然地说"不能"，而孔子责其不知礼。

孔子与冉有

孔子返鲁之后，的确与从政诸弟子渐行渐远了。特别是冉有，他与孔子间的对话往往隐现硝烟味。有一次，冉有退朝之后，见孔子请安，孔子问他何以较平日为迟？冉有说："有政事。"孔子便嘲讽地说："是大夫之家事吧？若是国政，虽然我不得用，总能与闻其事。"(参阅《论语·子路篇第十三》)

孔子的心情自然是失望与愤怒吧？好不容易等到弟子得君重用，不但不能因此而行道，反而是离道日远了。冉有是先进弟子，小孔子二十九岁，自孔子去鲁周游前即已入夫子门下。伤怀于弟子之不肖的孔子，这时也许心中会浮现出未得志时的冉有，在初闻大道时那略带青涩的容颜。如前述孔子中年未仕之前，与子路、曾皙、冉

有、公西华等谈论"如或知尔,则何以哉"时,当时年约二十的青年冉有,回答夫子:

> 方六七十里地,或是方五六十里地的小国,让求去治理,大约三年,可以使人民富足。至于礼乐教化,还得等待君子。(参阅《论语·先进》)

而孔子初去鲁适卫,冉有为孔子驾车入卫国境内:

> 孔子赞叹:"百姓真是众多啊!"冉有问:"百姓众多,再来还需要什么呢?"孔子说:"让百姓富有。"冉有又问:"百姓既已富有,再来又如何呢?"孔子说:"善施教化。"

(参阅《论语·子路篇第十三》)

冉有面对孔子,其实一直都是恭谨有加的,即使是当朝为贵,权重一时,仍然在下朝后见孔子请安。孔子问他:"何晏也(怎么这么晚呢)?"其实就像父亲关怀儿子一般。后来因实际政治主张与孔子多所扞格，冉有的心中大概也有不少苦楚。他曾经对孔子说："不是不喜悦夫子的'道'，只是能力不足啊！"孔子回答："能力不足的，中道而废，如今你也画地自限。"(参阅《论语·雍也篇第六》)当冉有说"力不足"时，他的意思是指自己的能力不足呢，还是对孔子之道在现实世界中已没有实践的条件的委婉说法呢？

孔门弟子当中，冉有个性谦退，一直能诚实面对自己的不足。青年冉有在各言其志时说："如其礼乐，以俟君子。"他对自己的政治才华充满自信，却对更高境界的礼乐教化，自觉力有未逮。当冉有问孔子"闻斯行诸"时，孔子回答："闻斯行之。"其理由是："求也退，故进之。"《论语·先进篇第十一》而冉有面对孔子责难他背弃理想时，只是说："力不足也。"未曾多加辩解。

孔子晚年时，除了后进从政弟子游、夏之徒，也许由于出仕不久，政治位阶不高，多还谨遵孔子教诲，以礼乐化民成俗。而先进从政弟子，在掌有权位之后，却也总是不能尽如孔子之意。有一次，子贡想要省掉告朔典礼中作为牺牲的羊，孔子反对，说："赐啊！尔疼惜那羊，我却更珍爱这礼。"(参阅《论语·八佾篇第三》)宰我主张改三年之丧为期(一年)，孔子问宰我，在期后除丧，"吃稻粱，穿锦衣，你能安心吗"？宰我回答说："安。"孔子激愤地说："你能安心，就去做吧。君子居丧，吃美食不觉得甘甜，听乐音不觉得快乐，居处时不能安心，所以不那么做。如今你觉得心安，那你就去做吧！"又斥宰我为"不仁"。(参阅《论语·阳货篇第十七》)

图8 拜谒画像砖

此画像砖出土于四川广汉。室内右方，端坐着一长者。左方四人，手持木牍，恭敬地跪拜。长者右手微抬以致意。孔子的学生在拜见老师时，大概也近乎此景吧。

图9 讲学画像砖

　　此画像砖出土于四川成都。画像砖上,左侧老师居于榻上,凭几而坐,头上且有遮灰的"承尘"。学生居于席上,其中五人,手捧简册,分列左右;一人与老师相对而坐,似乎正向老师请教疑难,其腰际还悬有刮削简册的书刀。

"告朔饩羊""三年之丧"都是旧礼，在新的时代情境中，废除"告朔"也喻指作为政治权力正当性来源的旧体制渐衰，当世卿、城郭、甲兵、施政等其他因素逐渐在政权的正当性中扮演了更重要的角色时，"告朔"之礼本身已经失去了意义，又怎能守得住其中的细节呢？

"三年之丧"过于漫长，在《左传》中屡见违制的记载，如昭公十一年（公元前531年）五月，鲁昭公母齐归薨，同月，昭公如期举行大蒐。"九月，葬齐归，公不慼。"于是晋大夫叔向便提出了批评：

> 鲁国的公室大约要衰颓了吧！国君有大丧事，国家却不停止田猎阅兵；有三年的丧期，却没有一天的哀戚。国人不为丧事哀伤，这是不忌惮国君；国君不表现出哀戚，这是不顾念亲人。国人不忌惮国君，国君不顾念亲人，能够不衰颓吗？恐怕还会失去国政大权呢！（参阅《左传·昭公十一年》）

昭公十五年（公元前527年），六月，周景王大子寿崩；八

月,王穆后崩;十二月,葬穆后之后即除丧,并宴请晋大夫荀跞,且向荀跞索讨彝器。叔向又批评:

> 天子恐怕不得善终吧!我听说:"据此以乐的必然死于此。"现在天子乐于忧伤之事,如果因为忧伤之事而死,不可谓善终。天子在一年之内有两次三年之丧,却在这个时候和吊丧的宾客饮宴,还向宾客索取彝器,把忧虑当成欢乐无以复加了,而且不合于礼。彝器是因嘉奖功勋而来,而非源于丧事。三年的丧礼,天子虽然地位尊贵,服丧仍得满期,才合乎礼。现在天子即使不能服丧满期,这时就饮宴奏乐也太早了,这也是不合于礼的。礼,是天子奉行的重大准则。一次举动而违反了两种礼,这就没有重要准则可言了。

可见当时已有提前除丧的弹性机制,即使如此,周王都不能守礼,鲁昭公亦然。到了战国时代,滕世子(滕文公)因孟子的指教,对其君父滕定公行三年之丧,而滕国"父兄百官都不愿意",且说:"我们的宗主国鲁国先君不曾实行(三年之丧),我国先君也不曾实行。"(参阅《孟子·滕文公上》)三年丧制在现实世界中几乎已名存实亡,宰我提出检讨,未为不可,但孔子却坚持旧礼制,不容改易。

封建体制告终,是从经济、社会、政治、宗教、意识形态等各方面整体崩解的,而非一点一滴的枝节改变。当旧秩序整个解体,在封建末世剧变的当头,其实是在探索一个新秩序。孔子所执守的封建礼乐秩序,就是这么一个正在解体的旧秩序。大架构瓦解了,依附在其上的礼仪精神,也失去了现实基础。陈寅恪在《王观堂先生挽词序》中指出:

> 夫纲纪本理想抽象之物,然不能不有所依托,以为具体表现之用;其所依托以表现者,实为有形之社会制度,而经济制度尤其最要者。……近数十年来,自道光之季,迄乎今日,社会经济之制度,以外族之侵迫,致剧疾之变迁;纲纪之说,无所凭依,不待外

来学说之掊击，而已销沉沦丧于不知觉之间；虽有人焉，强聒而力持，亦终归于不可救疗之局。

此论说的虽是近现代中国的巨变，然其思维模式，亦可诠释先秦之巨变。孔子的坚持，愈发显得他和现实中的从政者(孔子谓之"斗筲之人")，仿佛走在两条永不交会的平行线上，又或者说，是分别在相驰而过的两列火车上，相去日远。

仲尼，日月也，无得而逾焉。人虽欲自绝，其何伤于日月乎？多见其不知量也！《论语·子张篇第十九》

《论语》中记载季康子和孔子论政的几条资料，应当都发生在孔子晚年居鲁时：

季康子问："使民敬、忠以劝，如之何？"子曰："临之以庄则敬，孝慈则忠，举善而教不能，则劝。"《论语·为政篇第三》

季康子问政于孔子。孔子对曰:"政者,正也。子帅以正,孰敢不正?"《论语·颜渊篇第十三》

季康子患盗,问于孔子。孔子对曰:"苟子之不欲,虽赏之不窃。"《论语·颜渊篇第十三》

季康子问政于孔子曰:"如杀无道,以就有道,何如?"孔子对曰:"子为政,焉用杀?子欲善,而民善矣。君子之德风,小人之德草;草上之风,必偃。"《论语·颜渊篇第十三》

就如孔子与卫灵公的对话一般,孔子和当代的统治者之间,往往就是这样各说各话,搭不上调。季康子问孔子怎么处理盗贼横生的问题,孔子正色骂他:"如果你自己不多欲贪婪,就算你给予奖赏,人民也不至于去盗窃。"季康子问:"以刑杀无道者来使社会趋于有道的做法如何?"孔子说:"只要你自己做好表率,哪里需要动刑?"季康子问从政的要领,孔子说:"首先你自己要先行得正。"在季康子听来,恐怕会觉得孔子的每句话都像是老夫子在训话，让他难堪。

鲁襄公二十一年(公元前552年)，孔子出生前一年，《左传》中记载了这么一件事：

> 邾国的庶其带着漆、闾丘二地逃亡前来，季武子把襄公的姑母嫁给他，并赏赐了他的随从。当时鲁国盗贼很多。季武子问臧武仲说："您为什么不禁治盗贼？"武仲说："盗贼不可以禁治，纥(武仲)也没有能力禁治。"季武子说："我国有四方的封疆，可以借以禁治盗贼，为什么说不能？您身为司寇，去除盗贼是您的责任，怎么做不到呢？"武仲说："您招来外边的盗贼而大大地礼遇，怎能禁治国内的盗贼？您作为正卿，让外边的盗贼进来。却要求纥去除国内的盗贼，我怎能做得到？庶其在邾国偷盗了城邑前来，您将姬氏宗族女子送给他做妻子，还给了他城邑，他的随从都得到赏赐。如果用国君的姑母和城邑对大盗表示

尊敬，其次的赏赐皂牧舆马，再小的赏赐衣裳剑带。既赏赐他，又要除掉他，恐怕困难吧！纥听说，在上位的人要洗涤自己的心，专一地待人，旁人规度君子的信誉，都能明白征验，然后才可以治理别人。在上者的所作所为，是百姓的依归。在上者所不做的，百姓有人做了，因此施加刑罚，就没有人敢不警惕。如果在上者的所作所为百姓也做了，这是势所必然，又能够禁止吗？……"

当时鲁国执政是季武子（季孙宿），这段对话与七十年后，孔子和季孙宿的四世孙季孙肥（季康子）有关"盗"的对话何其相似。而邾国庶其以漆、闾丘二地奔鲁，和哀公十四年（公元前481年）小邾大夫射以邑奔鲁，子路拒与之盟，亦如出一辙。在这一点上，子路和孔子倒是一直坚持。

也因此，孔子尽管是国之大老，孟懿子是他的学生，冉有、子路、子贡这些在当时鲁国举足轻重的人物是他的学生，甚至他的后期弟子多人，皆年方二十有余，便逐渐崭露头角，担任邑宰，独当一面。可不论是季康子还是鲁哀公，表面上对孔子敬重有加，实际上只不过将他供奉着，位尊而无权。这也是当孔子去世时，鲁哀公敬致诔词，子贡却不领情的缘故。

相对地，子贡、冉有在鲁国政坛上就备受敬重，特别是长于外交辞令，言谈当中可以为鲁国争取利益的子贡。鲁大夫叔孙武叔就曾两次推崇子贡而贬抑孔子，子贡却严词驳斥：

> 叔孙武叔与大夫在朝廷中说："子贡比仲尼更加贤能。"子服景伯告知子贡。子贡说："譬如宫墙，赐（子贡）的墙仅及肩高，可以窥见室家的美好；夫子墙高数仞，如果不得其门而入，就见不到宗庙之美、百官之富。能得其门而入的人是很少的！因此叔孙武叔那么说，不也很自然吗？"

> 叔孙武叔诋毁仲尼。子贡说："别这么做，仲尼是不可诋毁的。其他的贤者，如同丘陵也，犹可逾越；仲尼，如日月般，无从

攀登逾越。有人虽然会拒绝仲尼，又哪里能减损日月的光辉呢？只是显出他的不自量力啊！"（参阅《论语·子张篇第十九》）

子贡对孔子的推崇如此，甚至在孔子去世之后，众弟子守心丧三年毕，唯子贡还庐于冢上又三年，方才离去。他对孔子的孺慕之情，令人动容。

《礼记·檀弓》记载：

> 孔子逝世，门人为该如何服丧感到困惑。子贡说："当年夫子在为颜渊服丧时，比照丧子而不着丧服，为子路服丧也如此。请丧夫子，如为父而不着丧服。"

《史记·孔子世家》载有：

> 孔子葬于鲁城北泗上，弟子都服丧三年。三年心丧结束，互相告别而离去，又痛哭，各自又尽其哀思；也有又留下的。唯有子贡

结庐于冢上，共六年，然后离去。

《孟子·滕文公上》又有记载：

> 孔子逝世，三年丧期之后，门人将要归去，进入揖于子贡，相向而哭，都悲痛而失声，然后归去。子贡又折返，筑室于墓冢上的坛场，独自居住了三年，然后离去。

《史记·孔子世家》与《孟子》有六年、三年之异，今从《孟子》。

以道事君，不可则止。（《论语·先进篇第十一》）

那么，对那些让他在晚年时失望的弟子，孔子又是怎么看待的呢？

孔子在晚年时，曾经有几次和当朝大夫谈起弟子们从政的条件，当孟武伯问起子路、冉有和公西华时，孔子分别称道他们在军事、政治、外交上的才华，却不轻许以

"仁"的评价。(参阅《论语·公冶长篇第五》)而季康子问子路、子贡和冉有时,孔子则分别以"果""达""艺"三个字来形容这三位高徒。(参阅《论语·雍也篇第六》)

图10 子贡像

子贡是孔子学生中最为能言善道、长袖善舞的。孔子曾说他好比宗庙贵器瑚琏,却仍未及"君子不器"的境界。子贡长于经商,家累千金。孔子去世,弟子皆服三年心丧,唯子贡庐于墓冢上,六年后才离去。

但是当季子然问起子路和冉有是否称得上是"大臣"时，孔子认为他们充其量只是"具臣"，因为真正的"大臣"是"以道事君，不可则止"。可是当季子然进一步问子路、冉有是否会顺从于其主君，孔子却正色回答："弑父与君，亦不从也。"《论语·先进篇第十一》这就是孔子对子路、冉有的不满和最低限度的信心。子路曾问孔子事君之道，孔子说："勿欺也，而犯之。"《论语·宪问篇第十四》"事君有犯而无隐"事实上正是孔子所期待建立的新政治伦理，"从道不从君"则是从政的最高指导原则。孔子对子路、冉有与他在诸多事件上的分歧感到不满、悲伤，甚至是愤怒，因为在孔子看来，那是弟子们的堕落，背弃理想。但是遇到悖逆君父之大节，孔子相信弟子是不至于轻易弃守的。郭沫若在《十批判书》的《孔墨的批判》中，引《墨子·非儒》中的说法，认为孔子参与白公、田常（陈恒）谋乱；又引《庄子·盗跖》的说法："田成子常杀君窃国，而孔子受币"，认为孔子是帮助乱党，鼓励颠覆政治秩序的，并说："我们与其相信神道碑上的谀辞，毋宁相信黑幕小说上的暴露。"其实是不值一驳的。

正如前文所述，哀公十四年（公元前481年）春，小邾国大夫射以其邑句绎奔鲁时，要求与子路订盟。子路拒绝，连冉有和季康子都不买账，理由是：小邾大夫射背弃了自己的邦国与君主。从这件事可以看到子路对君臣伦理的坚持，那么，他对陈恒弑君之事，岂能同意？学者以为孔子所"提示给学生的是一种顶天立地的君子人格，而非封建时代的家臣伦理"，子路却始终不能体会此深意，至死仍硁硁然坚守家臣伦理。子路在哀公十四、十五年间（公元前481—前480年）离开鲁国到了卫国，固然与公伯寮在季康子面前诋毁子路有关，但是他在大节上的坚持，让季康子感到不悦，恐怕是重要原因吧！

> 公伯寮在季孙跟前说子路的坏话。子服景伯告诉孔子，说："季孙大夫仍然不能尽信于公伯寮，我有能力说清楚此事，让公伯寮陈尸市朝。"孔子说："道能推行，这是命。道不能推行，这也是命。公伯寮能拿天命怎么样呢？"（参阅《论语·宪问篇第十四》）

这段史料的争议在于，其发生的时间是在孔子为大司寇、子路为季氏宰的时期，还是孔子晚年居鲁时？学者各有主张，今从后说。

也因为子路(也许应该再加上冉有、子贡)在陈恒事件上的价值判别与孔子无异，我们更能推想，他们之所以不支持孔子出兵讨陈恒的主张，是出于现实的可行性上的考量，换言之，孔子与诸弟子的分歧是在"实然"的层次，而非"应然"的层次。

不论是在"应然"还是"实然"的层次上，都能与孔子莫逆于心、"造次必于是，颠沛必于是"的，也许只有颜回了。

颜回与孔子，不只是情逾父子。在孔子于政治生涯遭遇最后一击，黯然神伤之时，颜回的早逝，带给孔子的除了伤痛，恐怕还有《广陵散》自此绝矣的意味。

伤逝

吾道穷矣! (《史记·孔子世家》)

鲁哀公十四年(公元前481年),同时是获麟之年,也是孔子作《春秋》绝笔之年。这一年,孔子在政治理想的实践上,奋力做出最后一击,结果失败了。从孔子在请见鲁君、三家大夫受挫之后,告诉别人"以吾从大夫之后,不敢不告也"(在《论语》中,这句话连说了两次,很有点老人家发牢骚、絮絮叨叨的感觉)来看,其实孔子对这件事早有"知其不可而为"的自觉。两年前(哀公十二年,公元前483年)孔子才白发人送黑发人——长子伯鱼去世。哀公十四年(公元前481年),也就是陈恒弑君之年,颜渊中年早逝,孔子悲恸逾恒。哀公十五年(公元前480年)年底,子路死于卫国国君父子相残的夺位政变中。儿子和两个最亲近的学生,在四年内相继去世。一年后的哀公十六年(公元前479年)夏四月己丑，孔子带着满腹的理想，抱憾而终。

孔子晚年居鲁，虽然重新整理诠释六艺，培养出曾参、子游、子夏、有若等孙子辈的后进学生，也因此传下他奋斗一生、无日或忘的"道"的理想，但是他人生的最后这五年，恐怕是悲伤多过欣慰吧！毕竟孔子是个实践家，而非空想的哲学家，"退藏于密"只是不得已的后路，"行道于天下"才是他真正的想望。但是就实践的层次来说，孔子是个彻底的失败者，终其一生，他不断地等待、焦虑、殷盼与挫败。

钱穆说："盖孔子早年讲学，其意偏重用世。晚年讲学，其意更偏重明道。来学者受其熏染，故先进弟子更富用世精神，后进弟子更富传道精神。"(钱穆《孔子传》)也有学者认为，孔子对后世的影响主要靠人生最后四年才收的几个年轻学生，发扬光大其学说。但也正是有了这短短四年，有了这批孙子辈的学生，孔子才可能成为儒家始祖，中国历史才有了所谓的儒家。

孔子晚年回顾自己的一生：

> 吾十有五而志于学，三十而立，四十而不惑，五十而知天命，六十而耳顺，七十而从心所欲，不逾矩。《论语·为政篇第三》

其中有着历尽沧桑后的豁达，但是这样的豁达，究竟在孔子晚年占有多大的比例？《论语·述而》中记录了孔子说的一句话："甚矣吾衰也！久矣吾不复梦见周公。"即使已到五十之年，"循道弥久，温温无所试"《史记·孔子世家》苦无行道机会的孔子，当公山弗扰以费畔(叛)而召时，在犹豫着该去还是不去时，他曾这么说："夫召我者而岂徒哉？如有用我者，吾其为东周乎？"《论语·阳货篇第十七》当孔子抑郁不得志时，固然说："道不行，乘桴浮于海，从我者，其由与？"而子路闻之喜悦时，孔子又说："由也，好勇过我，无所取材。"《论语·公冶长篇第五》甚至在周游列国，几经艰险时，孔子仍然坚定而自信地说："天生德于予，桓魋其如予何？"《论语·述而篇第七》"文王既没，文不在兹乎？天之将丧斯文也，后死者不得与于斯文也；

天之未丧斯文也，匡人其如予何？"《论语·子罕篇第九》这些故事，都说明了孔子的意志力何等坚强。然而当孔子说："甚矣吾衰也！久矣吾不复梦见周公。"乃至颜渊去世时，他悲恸地说："天丧予！"《公羊传》哀公十四年）那样的无可奈何，甚是绝望。这样的心情，和"六十而耳顺，七十而从心所欲，不逾矩"的豁达，恐怕是两种不同的心境吧！

《史记·孔子世家》这么描述"西狩获麟"：

> 鲁哀公十四年（公元前481年）春天，狩猎于大野。叔孙氏的车士鉏商捕获一异兽，以为是不祥之物。仲尼检视，说："这是麟。"因此把它运了回去。孔子说："河不出图，洛不出书，我还能如何呢！"颜渊逝世，孔子伤痛地说："上天要亡我啊！"等到这回西狩见麟，孔子说："我的道已经到了穷途末路！"喟然兴叹，说："没有人能了解我！"子贡问："怎么说呢？"子曰："不怨天，不尤人，下学人事而上达天命，知我的只有上天了吧！"

"天丧予""吾道穷矣""莫我知夫",这就是两千五百年前,那位无可救药的梦想家,最终不得不承认自己的梦想永远不能实现的悲鸣。孔子的伤逝,除了伤怀颜回、子路、伯鱼的逝去,也是哀悼自己梦想的死亡。

子在,回何敢死?《《论语·先进篇第十五》》

正如通过对春秋时期历史的写作,来负载现实世界中不能行的"道"一样;暮年的孔子,一定经常回忆往事,在当中寻求可以支持自己的力量。在孔子凄微跌宕的生命当中,称得上惊心动魄的事可太多了。哪些才是他恒常记挂心头的呢?

颜回的死,孔子在伤痛的同时,一定会忆起十六年前,落难于匡,师生失散,颜回未能跟上老师的牛车。孔子焦急地等待,终于等到了颜回,孔子激动地说:"我还以为你已经死了呢!"颜回答说:"夫子还在,回哪里敢先死?"(参阅《论语·先进》)

这样的回答当然是没什么道理的,但是却鲜活地刻画出孔子和颜回之间的深挚情谊。颜回总是态度从容,总是淡泊无所求。从学于孔子之后,他似乎一直在孔子身边,如影随形。他对孔子所传的"道",总是能铭诸肺腑,又能笃行信守,三月不违。他不像子贡那样机敏聪慧,不像冉有那样沉稳干练,不像子路那样义无反顾、豪迈过人。他的话总是很少,却言必有中。孔子曾说:"我与回谈论终日,他始终如愚者般不违师说。而后察考他的生活,也都能发扬我所说的义理。回啊,他一点也不愚笨。"(参阅《论语·为政篇第二》)孔子对学生最好的赞辞,都落在了颜回的身上。如:

> 子谓颜渊,曰:"惜乎!吾见其进也,未见其止也。"(《论语·子罕篇第九》)

> 子曰:"回也非助我者也,于吾言无所不说(悦)。"(《论语·先进篇第十一》)

> 哀公问:"弟子孰为好学?"孔子对曰:"有颜回者好学,不迁怒,不贰过。不幸短命死矣!今也则亡(无),未闻好学者也。"(《论语·雍也篇第六》)

子曰："回也，其心三月不违仁，其余则日月至焉而已矣。"《论语·雍也篇第六》

子曰："贤哉，回也！一箪食，一瓢饮，在陋巷。人不堪其忧，回也不改其乐。贤哉，回也！"《论语·雍也篇第六》

孔子和颜渊之间的确有着极特殊的情愫。孔子与其他弟子之间，是一种师生之间传道、授业、解惑的关系，但颜渊与孔子却是莫逆于心。孔子曾说："回也非助我者也，于吾言无所不说。"孔子甚至曾对子贡说，我和你都不如颜回啊！

颜回这次真的走了，孔子还在，他就先走了，不能信守"子在，回何敢死"的许诺。而且是在孔子最丧志，早年的弟子们一个个离开他坚守的道路，站在他的对立面的时刻。对孔子来说，这真是重重的一击，其力道应该超过陈恒事件和西狩获麟对孔子的打击。这一击，把孔子顽强的意志力几乎打垮了。

柴也，其来；由也死矣。《史记·孔子家语》

颜回死后一年，子路因赴卫大夫孔悝之难而死，鲁哀公十五年(公元前480年)，卫国纠缠十数年的家庭伦理(兼为国家伦理)大闹剧，终于演至完结篇。孔文子死，其夫人孔姬，即卫太子蒯聩的姐姐，接应蒯聩秘密归国，并挟持自己的儿子孔悝，要求孔悝站在蒯聩这一边，赶走蒯聩的儿子卫出公辄。子路闻讯赶去，《左传》这么记载：

> 子路正要进入，遇到子羔要出来，说："城门已经关闭了。"子路说："我姑且去看看。"子羔说："来不及了，别去遭受祸难。"子路说："食人俸禄，不能祸到临头就逃避。"子羔于是出去，子路进入。到了(孔氏)大门口，公孙敢在那里守门，说："不要再进去了。"子路说："公孙啊，只谋其利而逃避祸难。我不是这样的人。既然拿了他的俸禄，必得要救援他的祸患。"有使者出来，子路就乘机进去，说："太子哪里用得着孔

悝呢？就算杀了他，也会有人接替他的角色。"又说："太子胆小。如果放火烧台，烧到一半，他必然会释放孔叔。"太子听了害怕，让石乞、盂黡下来和子路搏斗。他们用戈击中了子路，截断了子路的帽带。子路说："君子即使身死，帽子也不能除去。"结好帽带从容死去。孔子听说卫国发生乱事，说："柴会逃回来的；由可是要死了啊！"

孔子人在鲁国，听闻卫国的动乱，断言子路将死，他对子路的了解可谓深矣。子路自从归服于孔子门下，数十年来追随夫子，无日或离。他在孔门弟子中年岁较长，只小孔子九岁，早在孔子第一次，也是唯一一次在鲁国政治上受到重用时，就和老师并肩作战，甚至有学者认为"堕三都"其实是子路主导的。

子路为人质朴、豪迈，有时还有些鲁莽。孔子答冉有问"闻斯行诸"时，说"闻斯行之"；而对子路却说"有父兄在"。对于弟子的疑惑，孔子说："由也兼人，故退之。"《论语·先进篇第十一》当孔子说了"由之瑟奚为于丘之

门",门人因此不敬子路。孔子却回护子路说:"由也升堂矣,未入于室也。"《论语·先进篇第十一》

当孔子悲伤地预言了子路之死时,一幕一幕的往事,想必浮上孔子的心头。

居鲁未仕之时,颜回、子路这两位最得孔子疼爱的弟子随侍在旁。孔子要弟子言志,颜回云淡风轻地说:"愿无伐善,无施劳。"子路却豪气干云地说:"愿车马、衣轻裘,与朋友共,敝之而无憾。"《论语·公冶长篇第五》

孔子当然不会忘了,在他两次动念要应公山弗扰与佛肸之召时,子路提出强烈的质疑;当他不得已去见卫灵公夫人南子时,子路毫不隐讳地表现出他的不悦,以至于夫子必须对天发誓:如果我违背了一向坚持的信念,老天要惩罚我呀!

当然孔子也一定会想起,当自己对"行道"的前景开始感到悲观的时候,说"道不行,乘桴浮于海,从我者,其由也与"《论语·公冶长篇第五》的时候,子路的那种喜悦之情,就好像一个天真烂漫的孩子,兴奋地准备要玩一场家家酒似的。这时,眼角泛着泪光的孔子,是否会禁不住地微笑呢?

那个属于孔子和子路共筑的海外仙境在哪里呢?

孔子的两个世界

子路像孔子的兄弟，而颜渊(颜回)则如同孔子的儿子般，兄弟和父子俱是深情，但毕竟是不同的感情形式。孔子心中最爱惜，甚至敬重的学生，当然还是颜渊了。可以说，孔子对待颜渊，除了有师生之谊、近乎父子之情，还有一种难以言喻的、"心向往之"的君子之交。

孔子倾心于颜渊，恐怕还不只是因为颜渊在知识和道德上的成就，也不只是因为颜渊总是最能了解他的心意；更在于颜渊既能体会孔子所谓的"道"，又能坚定地相信"道"的价值，也能坚持"道"的理想而不动摇、不打折扣，最重要的是颜渊面对实践的困境时，能够从容地面对，永远地平心静气，不受外在世界的干扰。

孔子曾对颜渊说："用之则行，舍之则藏，唯我与尔有是夫！"(《论语·述而篇第七》)但是当"舍藏"的时候，颜渊的"自得",不为外物所牵绊的心态,却是孔子的人格特质中所没有的。颜渊的"不改其乐",不只是安于"箪食瓢饮"而已。当颜渊对孔子说"不容何病,不容然后见君子"时,孔子欣然笑道:"有是哉颜氏之子!使尔多财,吾为尔宰。"《史记·孔子世家》孔子不是说颜渊能明白他的心意,而是在说自己只是在理性上"不容何病",但是对"道"之不行,却悬在心中,不能不在意。而颜渊则是真正不窒于外物,自由自在。

两个孔子

孔子在中年未仕之前,曾经和几个学生谈起,若能得到赏赐重用,能做些什么?曾皙在子路、冉有、公西华分别陈述自己的大志之后,说:

> 莫(暮)春者,春服既成。冠者五六人,童子六七人,浴乎沂,风乎舞雩,咏而归。

《论语·先进篇第十一》

孔子当时喟然叹曰："吾与点也。"其实孔子心中一直潜藏着一个隐者的愿望。也许可以说，有两个孔子，一个是儒家的、入世的孔子；一个是道家的、出世的孔子。前一个孔子是显于外的，后一个孔子则是隐于内的。

孔子的心中，也许始终潜藏着一个"道家"的、"隐者"的、"出世"的孔子，在与彰显于外的"儒家"的、"行者"的、"用世"的孔子对话。孔子的"放不下"，在于"用世"的孔子始终胜过了"出世"的孔子。五十岁以前，孔子仍未能有在政治上一展身手、实践理想的机会。孔子一直是一个衰乱世道的旁观者、批评者，那时的孔子，无论情愿与否，也许还能有些许的闲逸心情。有点突然地，孔子得到了机会，在政治上有了个位置，能够实践他的理想，从此那个隐逸的孔子再也找不回来了。

也因此，当孔子在陈、楚道上，和隐者的相会、擦身而过，其实就像是他在和那隐遁在心中的另一个自己对话。隐者的孔子，在这时，被陈、楚道上的隐者的言语召唤了出来；但是用世的孔子却仍不断地告诉他"世衰道微，天命在尔"，现实的困境是可以预期的，"人能弘道，非道弘人"《论语·卫灵公篇第十五》，如果以为"行道"能够带来安逸、富贵,那岂不是把至高无上的"道"当作工具看待了吗?

现实中的"行动策略"

孔子自陈返卫,在卫国度过了流浪在外的最后五个年头。当时卫君为出公辄,其父蒯聩寄旅于晋,寻机回国夺位,出公则抗拒其父,力保君位。当时子路和孔子曾有这么一段对话:

> 子路问:"卫君如果等着夫子来施政,您的首要之务是什么?"孔子说:"正名是最重要的了!"子路说:"是吗?您太迂阔了吧!要正些什么呢?"孔子说:"由啊,你真是粗鄙!君子对自己不知道的事,就先闭口不言。名不正当其实,则言语不顺达;言语不顺达,则事理不能成功;事理不能成功,则礼乐不能兴起;礼乐不能兴起,则刑罚不能合宜;刑罚不能合宜,则百姓无所措手足。

所以君子的名位必可言说，言说必可施行。君子对于自己的言说，是绝不苟且的啊！"

（参阅《论语·子路篇第十四》）

"正名"者，即"君君、臣臣、父父、子子"，蒋伯潜云："蒯聩欲借他国之力以与子争国，则父不父矣。辄借口于祖父之命以拒父，则子不子矣。"如果父不父，子不子，蒯聩、辄各打五十大板，那么，究竟孔子的解决之道是什么？孔子并未明言一种"具体的"解决方案，而是提出一个抽象的"普遍性原则"。在子路看来，他也许只听到了孔子的"政治评论"和"政治理想"，却接收不到"现实政治"中的处理策略。因此子路直言孔子之"迂"，结果被夫子训了一番。

这件事是当时卫国最重大的政治现实，孔子的弟子们都很关心孔子的意向。冉有还通过子贡去询问孔子的态度。

冉有问："夫子会站在卫君（出公辄）这边吗？"子贡说："好，我去问夫子。"他见到孔子，说："伯夷、叔齐是怎样的人？"(孔子)说："古代的贤人。"(子贡)说："他们有怨吗？"(孔子)说："求仁而得仁，又有何怨。"(子贡)出来后，说："夫子不会支持卫君的。"

(参阅《论语·述而篇第七》)

伯夷、叔齐是让国的贤君子，与蒯聩、辄父子的争位恰成强烈的对比。聪明的子贡，一听孔子对伯夷、叔齐的赞颂，自然就了解了孔子对卫国父子争位的批判态度了。

质言之，孔子和其先进从政弟子，如子路、子贡、冉有，最大的差别在于：孔子要求的"行道"，是不打折扣、如实地重现；而弟子们的用世，是在现实条件当中，寻求最大的实践空间，必要时(而且事实上几乎是所有的时候)，可以把道"存而不论"，暂时搁置一旁。这也就是为什么子贡会说："夫子之道至大也，故天下莫能容夫子。夫子盖少贬焉？"却被孔子批评："尔志不远。"这也是为什么冉有会说："非不说子之道，力不足也。"而孔子指责其画地自限。问题是，弟子们也许认为，不让"道"的实践有些弹性，反而是什么也做不了。或者说，弟子们要求的是一个在现实中"可行"的"行动策略（或方案）"，而在他们看来，孔子或者提不出"行动策略（或方案）"来，或者所提出的"行动策略（或方案）"在现实中是"不可行"的。

孔子为季氏所排拒，但是弟子冉有、子贡、子路却得到季氏的重用，显然，弟子们在政治上的选择与孔子是不同的，而这样的选择和实践方式，是季氏可以接受的。事实上，诸弟子们对现实政治的认知和对价值的判定，恐怕与孔子渐行渐远了。孔子所描绘的"道"的理想世界，在务实的从政弟子眼中，也许只能永远存在于过去的历史意象和想象中的纯净美好世界之中。在这里，孔子所因循的"过去"和他所想望的"未来"是同一的，但现实却是另一番风景。江水滔滔东流，历史中的个人，无法力挽狂澜。理想世界可以设定一切的条件，可以呈现出最纯净的面貌；而现实世界却是复杂万端，有着太多的分歧与变量。因此，任何纯净的理想，一旦落实到实践的层次上，必然会映照出不同的面容。从某个角度来看，那未必就是堕落，而是"道"（理想）在现实中所容许的实践形式。也就是说，"道"在人间，只可能以"转化"过后的形式呈现出来。在这层意义上，从对"理想"百分之百的坚持，走到追求现实中的最大可能(事功)，是有其积极正面意义的。理想与事功，天上与人间，其实是可以各有风华的。

历史的"王国"

如果"天上"和"人间"注定是不可能统一的，如果"道"与"真实世界"永远不可能走到一起，一个坚定的、百分之百的理想主义者如孔子，在"行道"之路日暮途穷之后，还能有什么选择吗？

孔子之后四百年，汉代史学家司马迁写作《太史公书》的《自序》时，假借与友人壶遂的对话，说明了自己著史的精神，他回答的虚拟问题是"孔子何为作《春秋》"，司马迁如是说：

> 我听董先生(董仲舒)说过："周道衰废，孔子担任鲁国司寇，诸侯陷害他，大夫壅阻他。孔子知道他的主张不能得用，道不可能行于当世，于是他作《春秋》，评断二百四十二

年间的是非，作为天下道德行事的标准。贬抑天子，斥退诸侯，声讨大夫，以成就王者之事。"

司马迁又假借壶遂的疑问，说出："孔子的时代，既无贤明主君，又不能得到任用，所以作《春秋》，垂空文以断礼义，作为王者之法。"(参阅《史记·太史公自序》)孔子虽在现实政治中不如意，但是在后世儒者如董仲舒、司马迁的眼中，孔子之作《春秋》，乃为"天下仪表""当一王之法"。《春秋》作为历史裁判的准则，所谓的"达王事"，便不只是作为超越一时的王者，亦且是俗世君王之上的力量，所以不只是"退诸侯，讨大夫"(这是世俗的王者可以做的事)，尚且可以"贬天子"(只有超越世俗界的"王者"才能办得到)。在那个"上无明君，下不得任用"的天崩地坏的时代中，上无尧舜之君，又"不得任用"的孔子，只有立教以明治，即董仲舒所说的"孔子立新王之道"。《春秋繁露·玉杯》》"垂空文以断礼义"，"空"与"素"互训，后汉学者亦多有以孔子为"素王"之说，如应劭说："仲尼制春秋之义，着素王之法。"《风俗通义·穷通》》王充说："孔子作《春秋》，以示王意。

然则孔子之《春秋》，素王之业也。诸子之传书，素相之事也。"（《论衡·超奇》）"素王""素相"之说，简直是在文化的世界中，打造了个朝廷。

孔子身后一个半世纪，孟子也说过："春秋，天子之事也。"又说："是故孔子曰：'知我者，其惟《春秋》乎！罪我者，其惟《春秋》乎！'"（《孟子·滕文公下》）"知我""罪我"，正在于孔子无其位而行天子之事。孔子作《春秋》以当"一王之法"，换言之，他是在对过去历史的记录中，打造了一个想象中的王国，"道"行在其中，无所窒碍。现实中的不公不义，在历史的法庭上都得到了平反。

孔子晚年的真正成就，在于通过著述来记录他无法在当世实践的"道"，并传其"道"于晚年后进弟子。孔子所信的"道"，在他看来，是实际存在于过去的历史之中的。"仲尼祖述尧舜，宪章文武"，尧舜两帝的世界，就是他所向慕的"道"的世界。因为"道"是真实存在于过去，因此孔子说自己是"述而不作"。（《论语·述而篇第七》）

尽管汉儒多称孔子为"素王"，但那毕竟只是在文化世界中，为一个作古已久的先圣加上桂冠，而在当下的政治世界中，"王者"的权杖岂容窥探？"圣人"而为"王者"既然不可企想,儒者最多只能怀抱着"明夷待访"的盼望,在文化世界中树立了自己的王国之后,等待着现实中的"王者"能取法其间,行道于天下。但是,孔子毕竟是在"现实世界"之上,通过对美好时代的"追忆",建立了一个"想象"的"道"的世界。"乘桴浮于海",原来浮海的舟船正是孔子所建构的典籍世界;渡河的津口,正是对"历史"的回顾、瞻望。

晚年的孔子,在一生的挫败后,承认"道"之不行,在坚持一生之后,终于放弃在现实世界中"行道"的努力,退而在著述中建构他的理想世界。孔子并未归隐,"用行舍藏",藏身于现实政治的前线之后,隐身于"行道"的路途之外,孔子其实只是选择了另一条道路,另一种"行道"的可能,他把决战的沙场,放在了未来的世界之中。

尾声

当孔子大约五十之年时,与颜回、子路各言其志,孔子自己所说的,其实平淡无奇,却又意味深长:

> 老者安之,朋友信之,少者怀之。(《论语·公冶长篇第五》)

其实,美好社会不是那么复杂,简简单单的十二个字,不就描绘出了一个安详宁静的社会吗?但是要完成这么简单的愿望,却要经过现实中繁复的操作,就是为了追求能掌握这个操作的程序,开启了孔子艰苦的一生,让他"苦其心志,劳其筋骨",命运之神还不时"行拂乱其所为",孔子因而"动心忍性",苦寻出路。这样的过程,正是作者在这本小书中想要告诉读者的故事。

沉潜时候的愿望总是纯净而美好的，因为实践的脚步还没迈开，一切真实世界中的非理性因素未曾介入，在想象与企盼中，可以构筑一个淳美的梦境。只是，当圆梦的步伐踏出，"真实世界"立刻逼近来，让梦幻的追逐者无所回避。就好像望着水中月，平静无波，但是一旦伸手捞月，荡起的涟漪，就让明月与自己水中的倒影都破碎了。恍兮惚兮，原以为近在眼前的明月，却可望而不可即。梦醒时分，能不大汗淋漓、惊魂难定？

但是，"伸手"之必要，却是一切为水中月的皎洁明亮所魅惑者无法抗拒的事。"伸手""起步"，于是筑梦的人便开始了无休无止却又徒劳无功的逐梦之旅。

这样的旅行其实是一种流浪，流浪者唯一的居所是他自己心中的梦想。出得我心，"真实世界"从四面八方袭来；颠沛流离，是流浪者命定的生命情调。孔子曾如是说：

> 富与贵是人之所欲也，不以其道得之，不处也；贫与贱是人之所恶也，不以其道得之，不去也。君子去仁，恶乎（何处）成名？君子无终食之间违仁，造次必于是，颠沛

必于是。《论语·里仁篇第四》

"造次必于是,颠沛必于是"正是孔子的夫子自道。

"用世"的孔子是失败的,从世俗的角度看,甚至是彻底失败的。或者从理想的(历史的、想象的)"道"的实践来说,是注定要失败的。

孔子一直都知道"道不行"似乎是不可能改变的命运,但是他始终坚持"君子之仕也,行其义也。道之不行,已知之矣"《论语·微子篇第十八》,仿佛是希腊神话中推着巨石的西西弗斯;也像是中国神话中在月宫中伐桂的吴刚,永恒地做着徒劳无功的事。事实上,他更像马克斯·韦伯在《学术作为一种志业》那篇伟大的讲稿中所说的那位守夜人,在无止境的黑夜当中坚定恒久地守候着黎明的到来。从另一个角度看,"守夜者"的存在,给黑暗的现实世界一个永远的提醒。仪封人所说的"天下之无道也久矣,天将以夫子为木铎"《论语·八佾篇第三》,事实上是"守夜人"的中国式提法。那虽然只能是现实世界中"问津者"的永恒乡愁,但是如果没有那种意义的原乡存在,现实中的人们,只有随着风风雨雨而飘摇不定。

再版后记

如果君子不再流浪

一

2000年，我受邀在第三届国际汉学会议发表论文，当时我以《理想与事功：孔子的晚年及其弟子》为题。在那篇文字中，我试图探究关乎孔子晚年的一个重要命题：

孔子晚年居鲁，虽然重新整理诠释六艺，培养出了曾参、子游、子夏、有若等孙子辈的后进学生，也因此传下他奋斗一生，无日或忘的"道"的理想。但是他人生的最后这五年，恐怕是悲伤多过欣慰吧！毕竟孔子是个实践家，而非空想的哲学家，"退藏于密"只是不得已的后路，"行道于天下"才是他真正的想望。但是就实践的层次来说，孔子是个彻底的失败者，终其一生，他不断地等待、焦虑、殷盼与挫败。

"三十而立""四十而不惑"的孔子,"循道弥久,温温无所试"。到了五十之年,他有了短暂的从政岁月,却又在"堕三都"失败后,黯然下台。经过十四年的流浪,终于返回鲁国。生命的最后阶段,他的几个先进弟子在鲁国政坛取得重要地位,但是,孔子和他渐行渐远,在现实政治事务的判断与处理上,与先进弟子们的矛盾已昭然若揭。

质言之,孔子和其先进从政弟子,如子路、子贡、冉有,最大的差别在于:孔子要求的"行道",是不打折扣、如实地重现;而弟子们的用世,是在现实条件当中,寻求最大的实践空间,必要时(而且事实上几乎是所有的时候),可以把道"存而不论",暂时搁置一旁。这也就是为什么子贡会说:"夫子之道至大也,故天下莫能容夫子。夫子盖少贬焉?"却被孔子批评:"尔志不远。"也是为什么冉有会说:"非不说子之道,力不足也。"而孔子指责其画地自限。问题是,弟子们也许认为,不让"道"的实践有些弹性,反而什么也做不了。或者说,弟子们要求的是一个在现实中"可行"的"行动策略(或方案)",而在他们看来,孔子或者提不出"行动策略（或方案）"来，或者所提出的"行动策略（或方案）"在现实中是"不可行"的。

我试图从"理想"与"事功"的悖论，来说明孔子与其先进弟子之间的差异。这样的历史个案，也让我们深刻了解，"实践"本身的复杂万端，而当"机会"来临时，才是用世的实践者最大的考验时刻。

同年年底，我受邀撰写三民书局"文明丛书"中的一册，由于当时仍陷在思索孔子晚年命运与心境的复杂纠结中，我再以《流浪的君子：孔子的最后二十年》为题，于隔年（2001）完成付梓。新旧世纪之交，纠缠在我心中，占据面积最大的，竟是这位两千五百年前的顽强老人。

而此时，我记挂着的是晚年的孔子。从远离故国周游列国始，到生命的终了，大概有二十年。孔子生命中的最后二十年，在我看来，是悲欣交集，夹杂着企盼与失落、绝望与悟道的复杂心境。晚年的孔子，不再有行道的机会，抱憾而终。对孔子来说，这不是他想要的人生终局，但是我却常想：幸而如此，才成就了历史上永恒的圣者图像。

如果孔子真能得君行道，历史上，也许增加了左右一个世代的管仲或子产,却可能失去了影响千秋万世的"孔子"。也许,孔子连管仲、子产都做不了……

二

我不是基督徒,但是二十年前曾经用心地读过两遍《圣经》。从一个历史学者的角度来读新旧约,其实往往有另一种解读,只是这样的解读在信者来看,也许是"买椟还珠"了。

我自己解读《旧约》,总以为一部《旧约》写的就是当亚当和夏娃背离上帝,被逐出伊甸园后,人类寻求重返伊甸之路的过程,以及对寻觅过程中的试炼与克服困难的记录。而《出埃及记》一篇,则记述希伯来人在沦落埃及、备受侵凌压迫后,上帝遣摩西带领希伯来人离开埃及,来到那"流奶与蜜"的"应许之地"的过程。

这样的旅行是整个族群、上帝选民的信仰之旅,上帝与信众之间有着摩西这样的先知作为中介。这趟集体的漫漫旅程,空间上由埃及走向迦南美地,精神上则逐渐从世俗走近神圣。尽管长路漫漫,信道不坚、行道不笃的人有时也会半途而废。但是，由于有着上帝的许诺，人们确知这旅程必有终点，而坚定不移的信仰是终能重返伊甸的最重要条件。

陶渊明的《桃花源记》则描绘了一幅乱世仙境图，"避秦"是其初衷，"隔绝"是其手段。"不知有汉，无论魏晋"，远离了真实历史的纷扰，才能保有"黄发垂髫，并怡然自乐"的美好境界。基本上"桃花源"是非历史、非现世的，是超越的，也因此只能存在于人们心中。"问津"者则是试图将心中的美好图像，建造于外在世界中，寻求内心世界与外在世界之间的津渡。武陵渔人无意中闯入桃源仙境，那是人们心中存在的梦想的闪现，召唤着乱世中的人们。但是，通往"桃花源"的津渡，却是上天下地，求索不得。到了后来，"遂无问津者"，却道出了现世更深沉的悲哀。

孔子说："道不行，乘桴浮于海。"当子路闻言，欣然欲从往时，孔子说："由也，好勇过我，无所取材。""无所取材"其实也是津渡难寻的另一种说法。海外仙山只存在于梦想家所构筑的梦境中，在现世中是不存在的。

三

孔子终究没有浮海探求海上仙山，因为他知道，他的梦，必须在脚下实践，而不在虚无缥缈的海天之外。孔子要行的道，就在埃及，不在迦南美地；就在魏晋，而不在超越时空的桃源仙境。

如果有一天，君子不再流浪了，他还能是个君子吗？

流浪的君子一无所有，因此他拥有一切；流浪的君子没什么可以失去的，因此他什么也不会失去。如果有一天，君子不再流浪，当他在现实权位中得其所居时，原来的梦想还会安居在他的心中吗？他的梦想也是人类的梦想吗？

当然，孔子深刻地觉察了这个问题，"不患无位，患所以立；不患莫己知，求为可知也"。他提醒道：在追求行道的机会时，权位只是手段，立身处世之道才是根本。孔子也曾说："鄙夫可与事君也与哉？其未得之也，患得之；既得之，患失之。苟患失之，无所不至矣。""患得"与"患失"都会让人乱了方寸，特别是"患失"之心更为激切，若是得之不以其道，"患失"之际更是无所不用其极。

我不知道若孔子有机会得君行道，历史会怎样记录他？历史难以假设，却必须提问。

当红气球缓缓飘落人间……

六年多前的小男孩现在十岁了，自从看了一次《红气球》之后，我们不曾再重看这部让安棣感到不安的影片。安棣的弟弟安珩五岁多了，不久前，当我第一次为安珩阅读幾米的绘本《月亮忘记了》时，转头问安棣："还记得你小时候看过的《红气球》，与《月亮忘记了》的感觉很像吗？"安棣告诉我，他记得，他记得那些大男孩凶恶地踩破红气球的镜头，也记得那时的不安与恐惧。

如果君子不再流浪，真正的故事才要开始。

王健文
2007年

图片出处

彩色图片

彩图1 孔子像,《中华古文明大图集·Ⅰ·始祖》,202。

彩图2 孔子问礼老聃,明代无名氏作《圣迹图》,《中华古文明大图集·Ⅰ·始祖》,127。

彩图3 孔子去齐返鲁,明代无名氏作《圣迹图》,《中华古文明大图集·Ⅵ·文渊》,120。

彩图4 孔子不仕退修诗书,明代无名氏作《圣迹图》,《中华古文明大图集·Ⅱ·神农》,254。

彩图5 孔子讲学,明代无名氏作《圣迹图》,《中华古文明大图集·Ⅵ·文渊》,130。

彩图6 孔门弟子守丧,明代无名氏作《圣迹图》,

《中华古文明大图集·Ⅵ·文渊》，134。

彩图7　刘邦祭孔，明代无名氏作《圣迹图》，《中华古文明大图集·Ⅵ·文渊》，135。

彩图8　西狩获麟，明代无名氏作《圣迹图》，《中华古文明大图集·Ⅵ·文渊》，132。

彩图9　梦奠两楹，明代无名氏作《圣迹图》，《中华古文明大图集·Ⅵ·文渊》，133。

彩图10　在陈绝粮，明代无名氏作《圣迹图》，《中华古文明大图集·Ⅵ·文渊》，126。

彩图11　子路问津，明代无名氏作《圣迹图》，《中华古文明大图集·Ⅵ·文渊》，127。

其他图片

图1　孔子见老子画像砖，东汉，山东嘉祥，藏于：山东石刻艺术博物馆，《中国美术全集·绘画编18·画像石画像砖》，图7。

图2　卫灵公夫人，北魏·屏风漆画列女古贤图，藏于：中国山西省博物馆，《中国美术全集·绘画编1·原始

社会至南北朝绘画》，162。

图3　孔子像，南宋·马远，《中国美术全集·绘画编4·两宋绘画下》，91。

图4　兕，汉代画像，藏于：中国河南省南阳汉画馆，《中国美术全集·绘画编18·画像石画像砖》，126。

图5　《高贤遇隐图》，清代·金廷标，藏于：台北故宫博物院，《故宫书画图录13》，247。

图6　先师孔子行教像，唐代·吴道子，《中华古文明大图集·Ⅵ·文渊》，129。

图7　《孝经图》(局部)，南宋·无款，藏于：中国辽宁省博物馆，《中国美术全集·绘画编4·两宋绘画下》，51。

图8　拜谒画像砖，东汉，四川广汉，藏于：中国四川省博物馆，《中国美术全集·绘画编18·画像石画像砖》，176。

图9　讲学画像砖，东汉，四川成都，藏于：中国四川省博物馆，《中国美术全集·绘画编18·画像石画像砖》，185。

图10　子贡像，《中华古文明大图集·Ⅳ·通市》，37。